jin

ドキュメンテーション・ポートフォリオ・保育ウェブ・対話

保育の質を支える仁慈保幼園のツールたち

妹尾正教／社会福祉法人 仁慈保幼園・著

仁慈保幼園の保育 …… 4

第1章
子どもにとって最善の教育・保育とは何か …… 5

第2章
保育の質を高めるツールたち …… 17

〔ドキュメンテーション〕
ドキュメンテーションを書くということ …… 18
対話を生み出すドキュメンテーション …… 22
ドキュメンテーションを作ってみよう …… 24
具体的な作成の流れ …… 28
さまざまなドキュメンテーション …… 30

〔ポートフォリオ〕
ポートフォリオの作成で大切にしたいこと …… 32
ポートフォリオを作ってみよう …… 36
具体的な作成の流れ …… 39
保護者が作成するポートフォリオ …… 40

〔保育ウェブ〕
保育ウェブをかくということ …… 42
保育ウェブの実際と具体的な作成の流れ …… 46
さまざまに応用できる保育ウェブ …… 50

〔対話〕
保育者同士の対話で大切なこと …… 52
子ども同士の対話で大切なこと …… 54

第4章
ドキュメンテーション・ポートフォリオ・保育ウェブ・対話 Q&A …… 97

Q ポートフォリオやドキュメンテーションを書くコツはありますか？ …… 98
Q ポートフォリオやドキュメンテーションを書くには時間がかかります。負担が大きすぎませんか？ …… 99
Q ドキュメンテーションに使う写真。全員が写っていないと不公平になりませんか？ …… 100
Q 保育者が写真を撮っていると、保育がおろそかになりませんか？ …… 101
Q 毎日のドキュメンテーション。いつ書いていますか？　残業にはなりませんか？ …… 102
Q 文章を書くのが苦手です。どうやったら、読み手にうまく伝わるようなポートフォリオやドキュメンテーションが書けますか？ …… 103

「集まりの時間」の流れとポイント …… 58
保育者のファシリテーターとしての役割 …… 60
子どもと保育者の対話で大切なこと …… 62
保護者や地域との対話から生まれるもの …… 64

第3章 ツールを駆使して育まれる学びの物語

第3章 ツールを駆使して育まれる学びの物語 …… 65

［0歳児］
●保育者同士の対話
ツールを仲立ちにはずむ担任同士の対話［多摩川保育園］…… 66
●保育ウェブ
保育ウェブから見えてくる子どもの姿［世田谷代田仁慈保幼園］…… 70

［2歳児］
●ポートフォリオ
一人一人に寄り添って丁寧に見る［仁慈保幼園］…… 74

［3・4・5歳児］
●保育ウェブ
子どもたちの発想から
新たに広がる保育ウェブ［世田谷代田仁慈保幼園］…… 78
●ドキュメンテーション
ごっこあそびから本物の魚釣りへ［仁慈保幼園］…… 82
●ドキュメンテーション
保護者を巻き込むドキュメンテーション［仁慈保幼園］…… 87
●「集まりの時間」
子ども同士の対話が生む興味・関心の広がり［多摩川保育園］…… 92

＊事例に登場する子どもの名前は、すべて仮名です。

Q 保育ウェブをかこうと思っても、
予測がクモの巣状に広がっていきません。…… 104
Q 保育ウェブに沿って保育を展開していくと、
まとまりのない保育になりませんか？…… 105
Q 保育者同士の話し合いの時間を、
どうやって作っていますか？…… 106
Q 異年齢保育だと年齢差があるので、
「集まりの時間」が成り立ちにくくないですか？…… 107
Q 「集まりの時間」に、
みんな座って聞いていられますか？…… 108
Q 「集まりの時間」が1日に2回。
なぜ複数回、行うのですか？…… 109
あとがき …… 110

汐見稔幸先生×妹尾正教先生の対談動画が見られる！

記録と対話を通して保育を省察するとは？

汐見稔幸先生（家族・保育デザイン研究所代表理事・東京大学名誉教授）と妹尾正教先生（仁慈保幼園理事長）が、保育の質を支える保育者の取り組みについて語り合います。動画は下の二次元コードからご視聴ください。下記URLからもアクセスできます。

＊動画の無断複写・転載を禁じます。

https://www.hoikucan.jp/tool-taiwa/

仁慈保幼園の保育

仁慈保幼園では、現在、0・1・2歳児は年齢ごとにクラスを分け、3・4・5歳児は異年齢児を3つのグループ（クラス）に分けています。

そのときどきの子どもの興味や発達に合わせて、1つのクラスに5〜6か所のコーナーを設け、一人一人の子どもが自由に自分の興味・関心のあるあそびに集中できるようにしています。コーナーは、それぞれ低い仕切りやじゅうたんなどで場を区切っていますが、大人の目線からは、保育室が見渡せるよう配慮しています。また、3・4・5歳児は異年齢保育で、担任は2人体制となっています。

仁慈保幼園は、1927年、鳥取県ではじめての認可保育園として、米子市に設立されました。当時としてはのびのびとした園ではありましたが、管理的で一斉的な側面をもつ保育を行っていました。一斉的な保育で「個」が育つのだろうかと疑問に思っていたところ、2001年に開催されたイタリアのレッジョ・エミリア市の保育を紹介する「子どもたちの100の言葉展」を見る機会があり、2つのことでインスパイアされました。

1つ目は、環境に対する考え方です。安全には配慮しつつも、その年齢に適した玩具や絵本でなくてはならないという固定観念を捨てること。子どもたちが興味・関心を示せば、大人向けの本やさまざまな素材を取り入れていきました。

2つ目は、子どもの日常にある小さな気づきを大切にし、子どもの思いを知ろうとすること。気づきを大切にして、子どもたちの興味・関心に寄り添えば、経験や学びの質が高くなるということです。

そこで、ヨーロッパの国々に見学に行き、実際にドキュメンテーションなどを保育に活かしている姿を目の当たりにしました。

それから、二十余年。ドキュメンテーション、ポートフォリオ、保育ウェブなどのツールを駆使して、保育者同士だけでなく、子どもや保護者とも対話を繰り返し、環境構成を試行錯誤しながら、子どもの思いに寄り添う保育を目指しています。

妹尾　正教（社会福祉法人 仁慈保幼園 理事長）

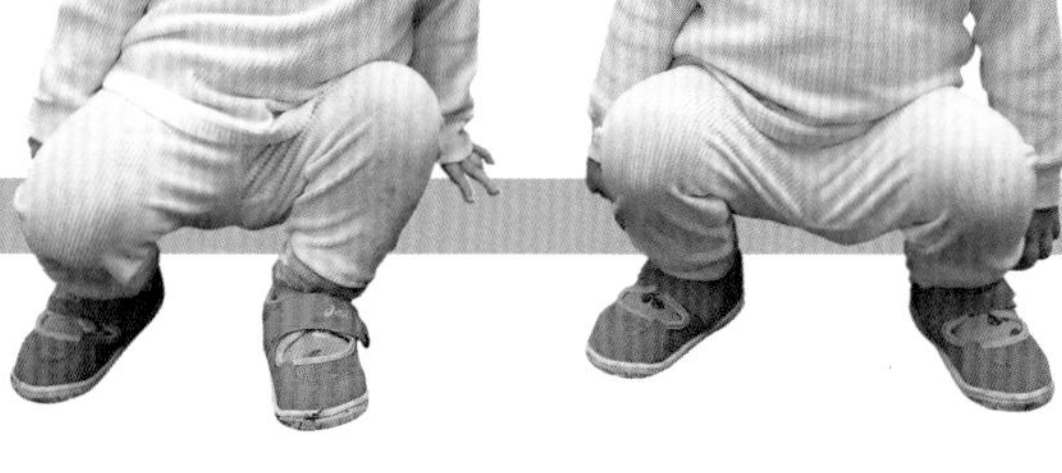

第1章

子どもにとって最善の教育・保育とは何か

自分の興味・関心を追究し、あそびを深め、
毎日新たな挑戦を楽しんでいる子どもたち。
その背景には、子どもに対する園の基本的な考え方と、さまざまなツールを用いて
子どもたちにとって最善の保育・教育とは何かを探究し続けている保育者の姿があるのです。

子どもを「ヒト」として尊重する保育

仁慈保幼園では、子ども主体の保育を行うために、ドキュメンテーション、ポートフォリオ、保育ウェブなどのツールを用いています。そして、それらに基づいた対話が日常的に繰り広げられています。その背景には、子どもを「ヒト」として尊重する強い思いが息づいています。

妹尾正教

子どもとともに保育を創る

仁慈保幼園が保育改革を始めたのは、2001年。私が園長に就任した年でした。それまでの保育は、当時としては当たり前だった一斉型の保育。朝、登園した子どもたちは、それぞれ好きなおもちゃであそび、クラス全員が集まったところで片付けをして、今度は園庭であそぶ。製作のときも、みんなで一緒に同じようなものを作る――。担任が作ったかっちりとしたカリキュラムに沿って、クラス全員で毎日のルーティンを繰り返していました。そのころでも、「一人一人を大事にしたい」「個別の配慮をしたい」と考えている保育者は多かったでしょう。私もその一人でした。しかし、現実には、集団での活動をスムーズに行うほうに目が行き、なかなか一人一人の思いにまで寄り添うことが難しかったかもしれません。

もって生まれた能力を最大限に引き出す──。
それが、教育。

現在の仁慈保幼園

鳥取県米子市にある仁慈保幼園のほか、東京都大田区に多摩川保育園、世田谷区に世田谷仁慈保幼園と世田谷代田仁慈保幼園の4園を運営しており、それぞれ100余人の園児が在籍している。0・1・2歳児は、緩やかな育児担当制のもと、子どもが安心・安定して過ごせるように配慮している。3・4・5歳児は、異年齢保育。各クラスに5〜6か所のコーナーを構成し、自分の好きなこと、興味・関心のあることを探究する工夫をしている。

1994年に日本でも批准された国連の「子どもの権利条約」では、子ども（18歳未満の人）が守られる対象であるだけでなく、権利をもつ主体であることを明確にしています。子どもが大人と同じように、一人の人間としてもつさまざまな権利を認めるとともに、成長の過程にあって保護や配慮が必要な、子どもならではの権利も定めています。

子どもの権利条約の第12条には、「意見を表す権利」というのがあって、「子どもは、自分に関係のあることについて自由に自分の意見を表す権利をもっています。その意見は、子どもの発達に応じて、十分考慮されなければなりません」とうたわれています。

しかし、当時の保育では、保育者は子どもの姿をもとにカリキュラムを作成しているとはいえ、一人一人の子どもの意見が反映されていたのかといったら、そうとは言えません。当時のカリキュラムには、保育者の定めた一つのゴールがあって、子どもに選択肢がありませんでした。それは、子どもが教育に対して「自由に自分の意見を表す権利」が担保されていなかったということではないでしょうか。

私は、一人一人の子どものよいところを引き出すのが教育だと思っています。子どもの権利条約でも、第29条の「教育の目的」で「教育は、子どもが自分のもっている能力を最大限のばし、人権や平和、環境を守ることなどを学ぶためのものです」と明記されています。

さらに、民主主義の考え方では、個を尊重しつつ、他者と思いを一つにし、協力してやっていく、というのが社会の基本です。しかし、そのころの一斉型の保育では、他者と思いを共有して協力していくのではなく、すべてのことに足並みを揃えることが推奨されているように思えました。それでは、一部の子どもにとって、とても生きづらく、苦しい時間になってしまいますし、社会に出てから、自分と他者との考え方などが違う部分を受け入れがたくなるかもしれません。

　子ども一人一人には、さまざまな思いがあります。興味・関心も、一人一人違います。それなのに、すべての子どもが一斉に同じことをすることで、もって生まれた能力を十分に伸ばすことができるのだろうか、個が育ちにくいのではないかと感じていました。そして、「多様性を認める」と言いながらも、一斉型で、子どもに選択肢のないことが、教育・保育の課題ではないかと考えるようになったのです。

　それらを踏まえて、子どもとともに保育を創っていくには、どうしたらよいだろうか――。そこで、まずは3・4・5歳児を異年齢クラスにして、コーナーごとに違うあそびができるよう環境を考えました（詳細は『非認知能力をはぐくむ仁慈保幼園の環境づくり』2023年 Gakken刊）。

　さまざまな環境の中から子どもが自分の興味・関心のあるあそびを選ぶ、つまり子どもが主体的にカリキュラムに参加するということを大事にしたかったからです。子どもが自分の興味・関心にもとづいて活動するのですから、保育者としては、一人一人がどのようにあそび、どのように成長しているかを記録することがとても大切になってきます。一人一人の今の興味・関心を知り、その子がどうしてそのあそびをしようと思い立ったのか、どのようにあそびを発展させていこうと思っているのかを知らなければ、その子どもに適した環境を用意することが難しくなります。それには、まず、一人一人の子どもをよく知らなくてはいけない――。これが、子どものことをよく見て記録し、それをもとに半歩先の姿を予測し、環境を用意するという、現在の仁慈保幼園の保育の基本的な考え方となりました。

「多様性を認める」と言いながらも
子どもに選択肢がないことが、自園の課題だった。

ドキュメンテーションとポートフォリオ

　仁慈保幼園では、子ども一人一人の個性と多様性を尊重し、子どもをよく知るために、3つのツールを駆使して、子どもの今をとらえることを大切にしています。

　1つ目は、ドキュメンテーション。ドキュメンテーションは写真と文章で、クラスごとに子どもの生活や学びを記録したものです。毎日、午睡時にドキュメンテーションを作成し、子ども同士のつながりや、集団の中での個の育ちを中心に記録しています（詳しくは、18〜31ページを参照）。

　2つ目は、ポートフォリオ。ポートフォリオは、0・1・2歳児一人一人の発達をとらえて、他者やモノとのかかわりを中心に、写真と文章で個別に記したものです。0・1・2歳児も他者とのかかわりがありますが、この時期は心身ともに成長の差が大きいので、クラス単位ではなく、個人の記録として書いています。ポートフォリオは、月に1回、それぞれの子のことを1枚にまとめています（詳しくは32〜41ページを参照）。

　日本の保育では、昔から「子どもをよく知る」「その行いにはどんな意味があるのかを探る」ために、子どもの姿を記録する文化がありました。それはそれですばらしい文化ではありますが、記録して終わりとなりがちなようにも思っていました。せっかく取った記録を、次の保育によりよく活かすにはどうしたらよいだろうかということも課題に感じていたのです。

　そこで、スウェーデンに見学に行ったと

2021年11月8日(月) 作成者：

オクラの種は本当にできるのか？

　「オクラを収穫せずにおいといたら、種ができてまた植えれるようになる」と教えてくれたくん。くんはその真相を先週の金曜日、畑の達人であるちゃんのおじいさんに自ら聞きに行きました。ちゃんのおじいさん曰く、オクラを収穫せずにおいておくと茶色に変色して種もできるとのことでした。それを今日の集まりで他の子ども達にも共有しました。子ども達は目をキラキラさせていて、ちゃんは「種ができるかわからんかったけど、できるってわかって来年も植えたい」ちゃんは「聞いてくれて嬉しいし、本物の畑の達人みたい」と話していました。そう言われたくんも恥ずかしくなっていました。これからも引き続きオクラの様子を見守りたいと思います。

先週金曜日の夕方、くんが聞きました

くんが作ったロボ木ーくん

　くんは折り紙でロボ木ーくんを作りました。作った理由は「ピアッツァの時ロボ木ーくんと一緒に飾って欲しいけん」と話していました。顔と体の部分には折り紙を６枚使って作るユニット折り紙が使われています。本物のロボ木ーくんにも乗っているまつぼっくりも折り紙で再現しています。自分で考えながら作っていくくんの発想力に驚きました。

焚き火に使う木

　くんはくんと考えていた焚き火を早くやりたいという思いから、焚き火で使う木について調べてきてくれました。昨日、お家の人とジュンテンドーに行き、薪を実際に見て小さいものと大きいもののそれぞれの値段や、見た目の違いなどを調べてきたと教えてくれました。くんはすぐに燃えそうという考えから、小さい薪を使ったほうがいいのではないかと考えているそうです。しかし小さい薪と大きい薪は何が違うのか、どちらを焚き火に使うべきなのかなどを調べるため、本で調べたり、ジュンテンドーの店員さんやキャンプや焚き火について詳しい人に聞いてみようという話になりました。ここからどう広がっていくのかが楽しみだなと感じました。

こんな葉っぱ見つけたよ！

　秋が深まって行くにつれて、園庭に落ちている落ち葉の量が増えてきています。その中で面白い葉っぱを見つけて、教えてくれる子ども達の姿があります。くんは穴だらけの葉っぱを見つけて、「『葉っぱじゃないよ、ぼくがいる』の絵本みたい！」と話していたり、ちゃんとちゃんは珍しい葉っぱを見つけて、「これ可愛い！」と話していたりしていました。

園でサッカーをすることを楽しみに登園してきたくんの渾身のシュート！

3・4・5歳児クラスのドキュメンテーション。

ドキュメンテーションは、写真と文章で、子ども同士のつながりや、集団の中での個の育ちを中心に記録するもの。

きに見たドキュメンテーションやポートフォリオが、その思いに添ったものだったので、自園でも取り入れてみることにしました。デジタルカメラが一般化してきて、保育現場でも気軽に使えるようになってきた時期でもありました。

保育ウェブで、あそびの広がりを可視化

3つ目は、保育ウェブ。ドキュメンテーションやポートフォリオといった記録をもとに、今の子どもたちの姿から浮かび上がったトピックを抽出し、そのトピックからあそびがどのように広がっていくのか、子どもたちの姿の半歩先を予測して記すものです（詳しくは、42～51ページを参照）。

スウェーデンへ保育を見学に行ったとき、現地では園だけでなく、小学校でもウェブが当たり前のように使われていました。保育を可視化し、共有するためのツールとして応用できると思い、2004年から仁慈保幼園でも用いるようになりました。

はじめての試みだったので、最初は試行錯誤の連続でしたが、一つのトピックからさまざまなあそびの派生を予測・共有し、可視化することができるので、子どもの姿を俯瞰するツールとしてとても効果的でした。子どもたちの今のあそびから生まれる次のあそびが、まるでクモの巣状（ウェブ）に広がっていきます。そこから、次にどん

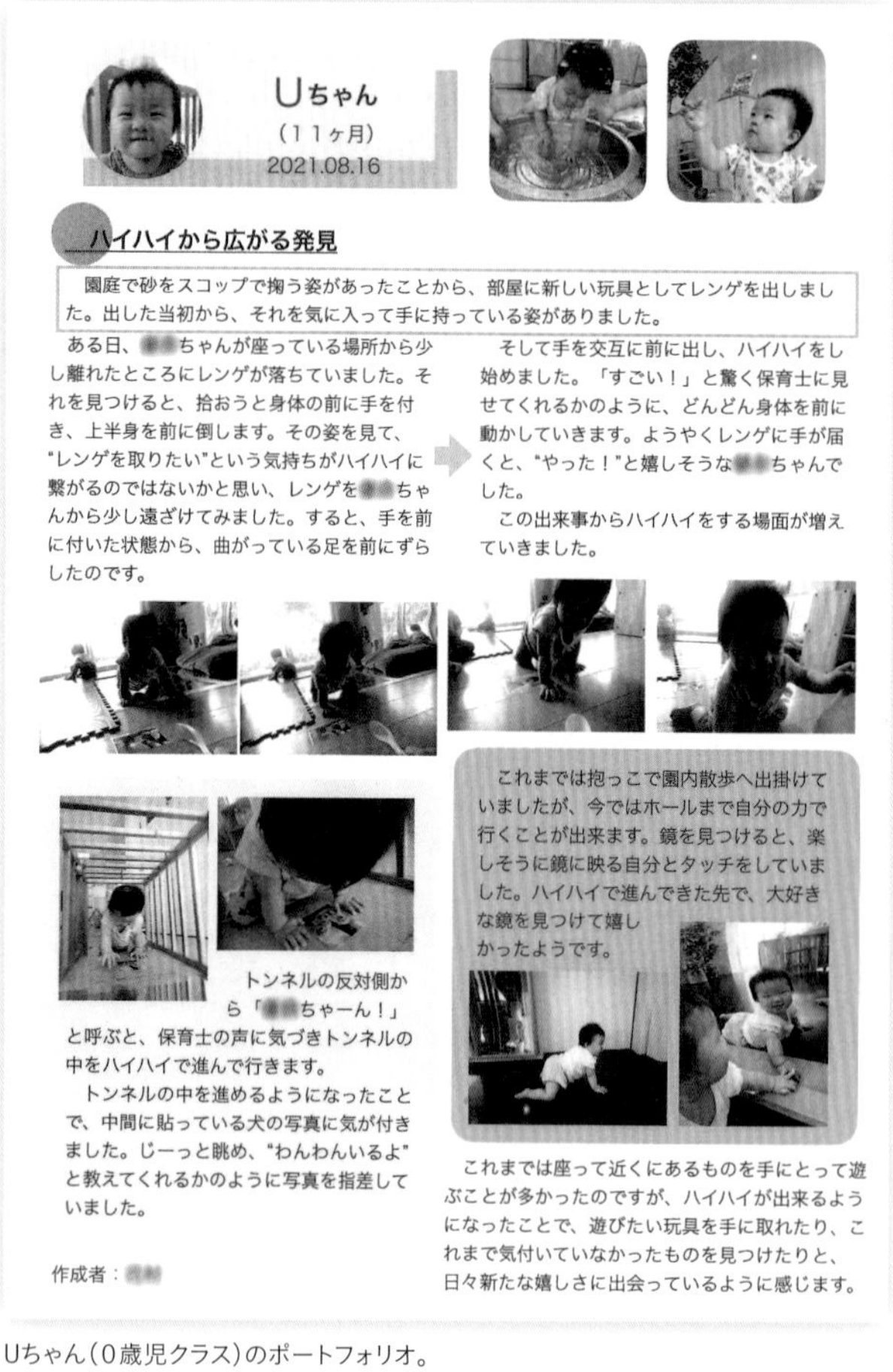

Uちゃん
（11ヶ月）
2021.08.16

ハイハイから広がる発見

園庭で砂をスコップで掬う姿があったことから、部屋に新しい玩具としてレンゲを出しました。出した当初から、それを気に入って手に持っている姿がありました。

ある日、[redacted]ちゃんが座っている場所から少し離れたところにレンゲが落ちていました。それを見つけると、拾おうと身体の前に手を付き、上半身を前に倒します。その姿を見て、"レンゲを取りたい"という気持ちがハイハイに繋がるのではないかと思い、レンゲを[redacted]ちゃんから少し遠ざけてみました。すると、手を前に付いた状態から、曲がっている足を前にずらしたのです。

そして手を交互に前に出し、ハイハイをし始めました。「すごい！」と驚く保育士に見せてくれるかのように、どんどん身体を前に動かしていきます。ようやくレンゲに手が届くと、"やった！"と嬉しそうな[redacted]ちゃんでした。

この出来事からハイハイをする場面が増えていきました。

トンネルの反対側から「[redacted]ちゃーん！」と呼ぶと、保育士の声に気づきトンネルの中をハイハイで進んで行きます。

トンネルの中を進めるようになったことで、中間に貼っている犬の写真に気が付きました。じーっと眺め、"わんわんいるよ"と教えてくれるかのように写真を指差していました。

これまでは抱っこで園内散歩へ出掛けていましたが、今ではホールまで自分の力で行くことが出来ます。鏡を見つけると、楽しそうに鏡に映る自分とタッチをしていました。ハイハイで進んできた先で、大好きな鏡を見つけて嬉しかったようです。

これまでは座って近くにあるものを手にとって遊ぶことが多かったのですが、ハイハイが出来るようになったことで、遊びたい玩具を手に取れたり、これまで気付いていなかったものを見つけたりと、日々新たな嬉しさに出会っているように感じます。

作成者：[redacted]

Uちゃん（0歳児クラス）のポートフォリオ。

ポートフォリオは、個別の発達をとらえて、他者やモノとのかかわりを中心に、写真と文章で記したもの。

な環境を用意すればよいのかを保育者同士で精査して、次の保育環境の構成や保育者のかかわりを考えていきます。保育ウェブは、子どもたちの姿を可視化して、保育者同士で共有するために、とても重要な役割を果たします。

3つのツールを駆使

保育ウェブを作成するには、まず記録を精査することがとても大切です。これまでの日誌では、書いたら書いたままで、すべてを読み直して省察するということがあまり行われていませんでした。写真入りのドキュメンテーションやポートフォリオだと、情報量も多く、可視化されているので、記録を書いた時点の様子が伝わりやすいということもあります。

ドキュメンテーションやポートフォリオからは、子どもたちが今、何に興味・関心を抱いているかの流れが読み取れます。そこから子どもたちの中でトピックとなっていることを抽出して中心に置き、派生していくと思われる半歩先の興味・関心を記していくのです。こうすることで、あそびや生活の広がりを予測し、あらかじめ環境構成に必要な準備をしておくことができます。

これらの主に3つのツールを駆使することで、さまざまな対話が生まれ、保育者は子どもを注意深く見る目が養われ、専門性が深まることを実感することができています。

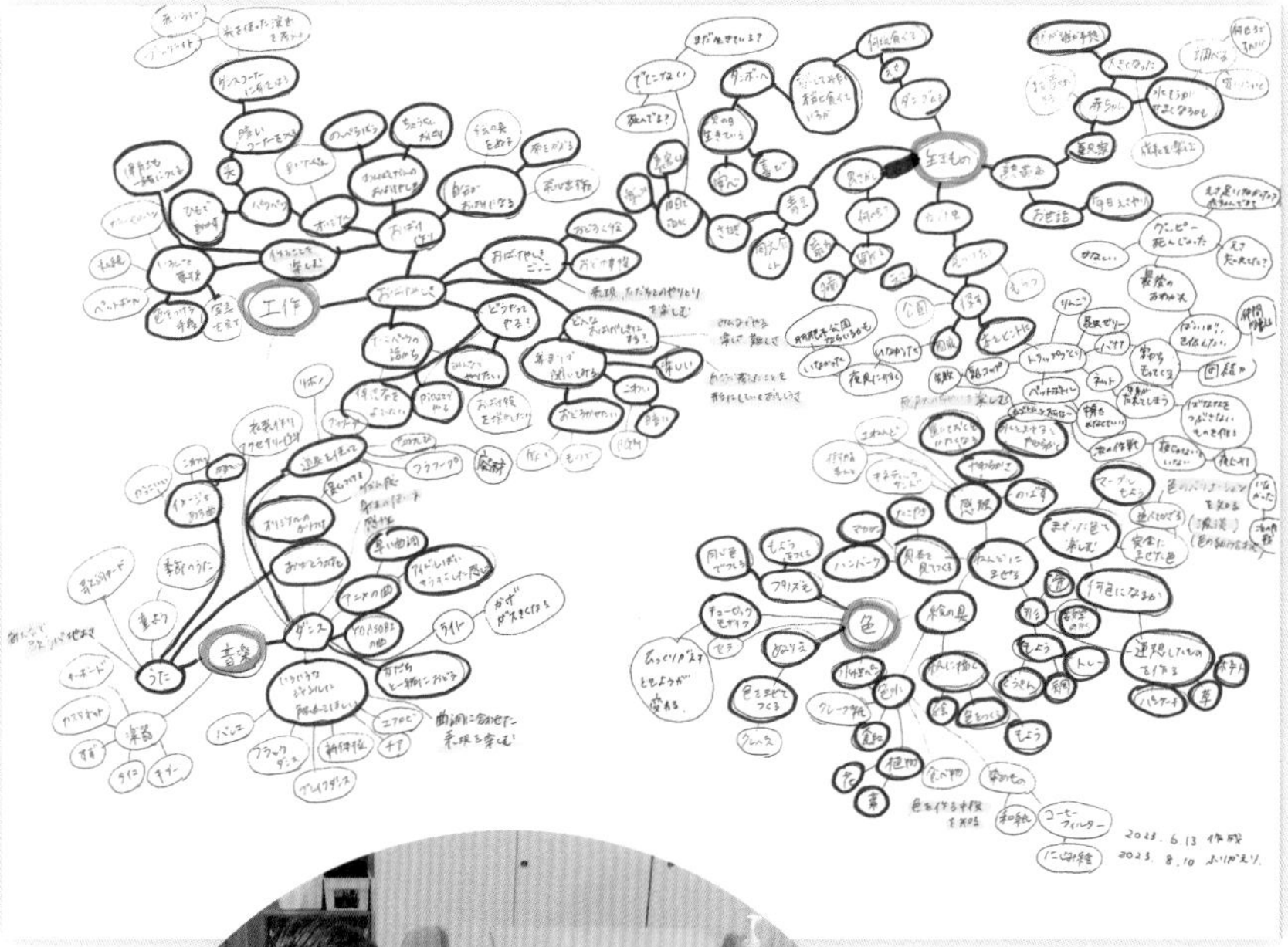

3・4・5歳児クラスの保育ウェブ。

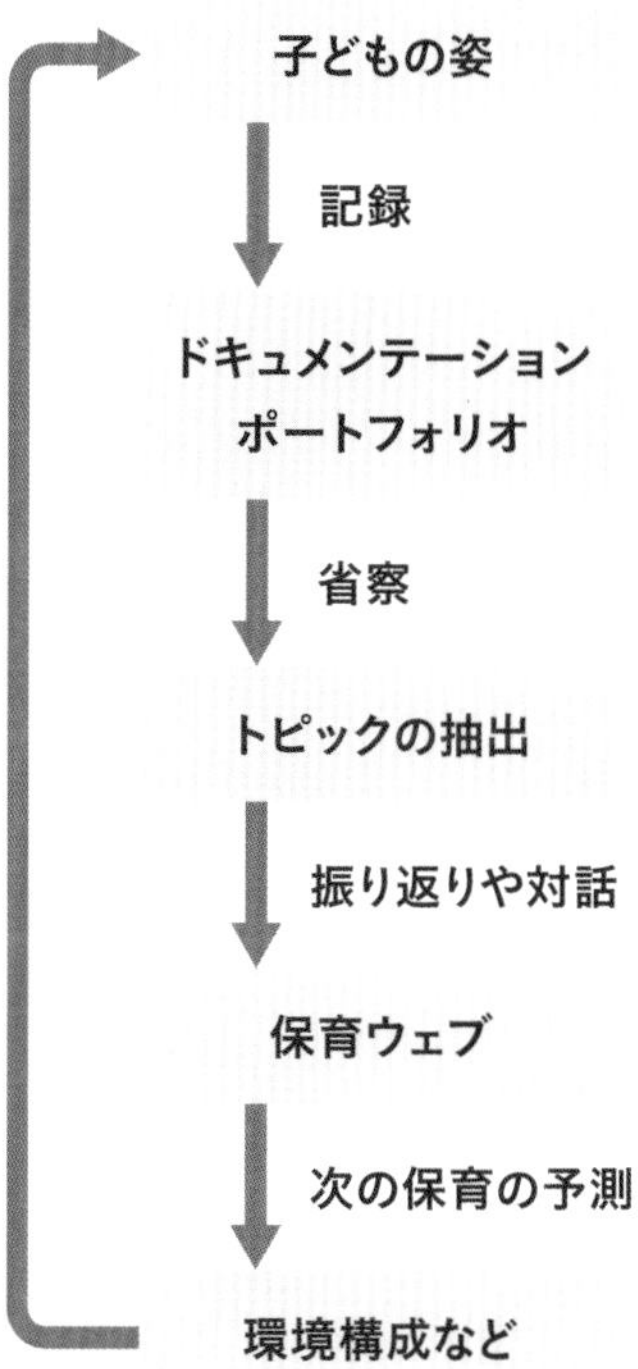
子どもの姿
記録
ドキュメンテーション
ポートフォリオ
省察
トピックの抽出
振り返りや対話
保育ウェブ
次の保育の予測
環境構成など

保育ウェブで、子どもたちの姿を可視化して、保育の広がりを予測していく。

互いを知る対話の重要性

そして、ドキュメンテーション、ポートフォリオ、保育ウェブを作成する上で大事にしているのが「対話」です（詳しくは52～64ページを参照）。改革前は、その週の担当者が主に一人で週案を作っていました。2003年からドキュメンテーションとポートフォリオを導入したことで、1枚の記録を作成するときに、担任同士の対話が生まれました。ドキュメンテーションは、その日の担当者が一人で作成しますが、クラスの中ではさまざまなあそびが展開しています。1枚のドキュメンテーションに、トピックをいくつか入れようとすると、もう一人の担任の目も必要なので、必ず対話が生まれます。ポートフォリオも、一人の子どもを複数担任で多角的に見て、話し合いながら作成します。どちらも園長や主任が必ずチェックするので、おのずと担任と園長・主任が対話する機会にもなります。

2001年末に2002年から保育を大きく変えたいと、保護者に向けて説明会を開いたのですが、保育をこんなふうに変えたいという園側に対し、保護者から「今までの保育を知らなかった」という意見がたくさん出てきました。それまでの保育を知らなかったのだから、これから保育をどう変えようと思っているのかも、うまく伝えるのが難しかったことを覚えています。そこで、自分たちの保育を知ってもらおうと、ドキュメンテーションやポートフォリオを掲示するようになりました。そのことで、

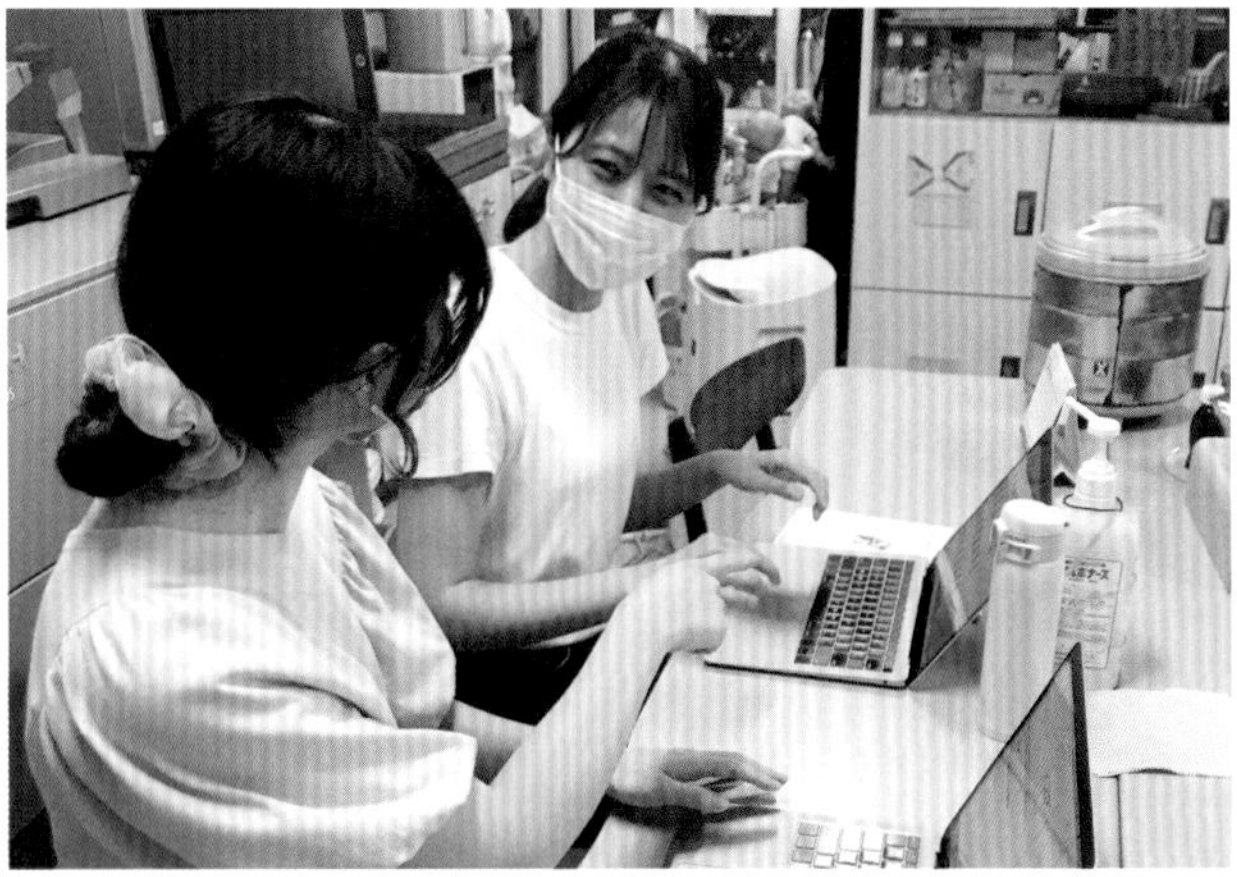

ドキュメンテーションやポートフォリオ、
保育ウェブを仲立ちにして、対話が生まれる。

保護者同士、保護者と子どもや担任、子ども同士がドキュメンテーションやポートフォリオを仲立ちにして、対話をする機会が生まれました。徐々にではありますが、対話が生まれたことで、保護者にも園の保育観を共有してくれている人が格段に増えていきました。

「集まりの時間」であそびを深める

3・4・5歳児では、クラスごとに朝と夕方の1回ずつ、「集まりの時間」が行われます。「集まりの時間」では、必要事項を伝えたり、クラスのルールを考えたりということも行われますが、仁慈保幼園の「集まりの時間」の大きな特徴は、保育者が一方的に伝える場ではなく、あそびを深めるための情報をやり取りする「対話」の場であることです。例えば、製作をしている子が「自分のイメージしているものをうまく作れない」ということを発表すると、ほかの子からさまざまなアイディアが出てきます。それを次のあそびで実行すると、また違う課題が出てくることもあります。

毎日課題提起と解決を繰り返すことで、子どもたちの活動は、大人の想像を超える、楽しく、おもしろいものになっていくのです。このように、子どもと保育者、子ども同士の間で、毎日あそびを深める対話が行われています。

「集まりの時間」は、あそびを共有し、深めていく場。

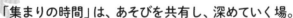

OODAという考え方

ドキュメンテーション、ポートフォリオ、保育ウェブ、対話が連動して、子どもを主体とした保育が徐々にできてきたとき、私たちは保育をPDCAサイクルではなく、OODA（ウーダ）ループでとらえることが最善であるという考えに至りました。

PDCAとは、Plan（計画）、Do（実行）、Check（評価）、Action（改善）の4つのプロセスを繰り返し、業務効率を改善する仕事の仕方です。始めにカリキュラムなどの計画（Plan）があって、その計画を実行（Do）し、結果を省察・評価（Check）して改善（Action）し、また次の計画（Plan）につなげるという仕組みです。しかし、PDCAはもともと工業製品などの品質改良を目的として生み出された考え方です。私たちが相対している子どもたちは、規格の決まった工業製品とは異なり、日々変化しています。一人一人の性格も、したいことも、興味・関心も違います。したがって、私たちの目指す保育では、保育者だけが計画を作成するわけではなく、ゴールも決まっていません。

例えば、桜の花に子どもたちが興味・関心をもったとして、満開の桜の下で桜の花びらの塩漬けで作ったお茶を飲んだり、桜餅を食べてお茶会をすると決まるときもあれば、桜の花をモチーフにした壁画を描くときもあります。季節の移り変わりを知ったり、植物に興味をもったりしてほしいという保育者の願いも含めて、何かを発見し

OODA（ウーダ）は、
Observe（観察）、
Orient（状況判断）、
Decide（意思決定）、
Act（行動）、
4つのステップでの思考方法。
保育の広がりを予測していく。

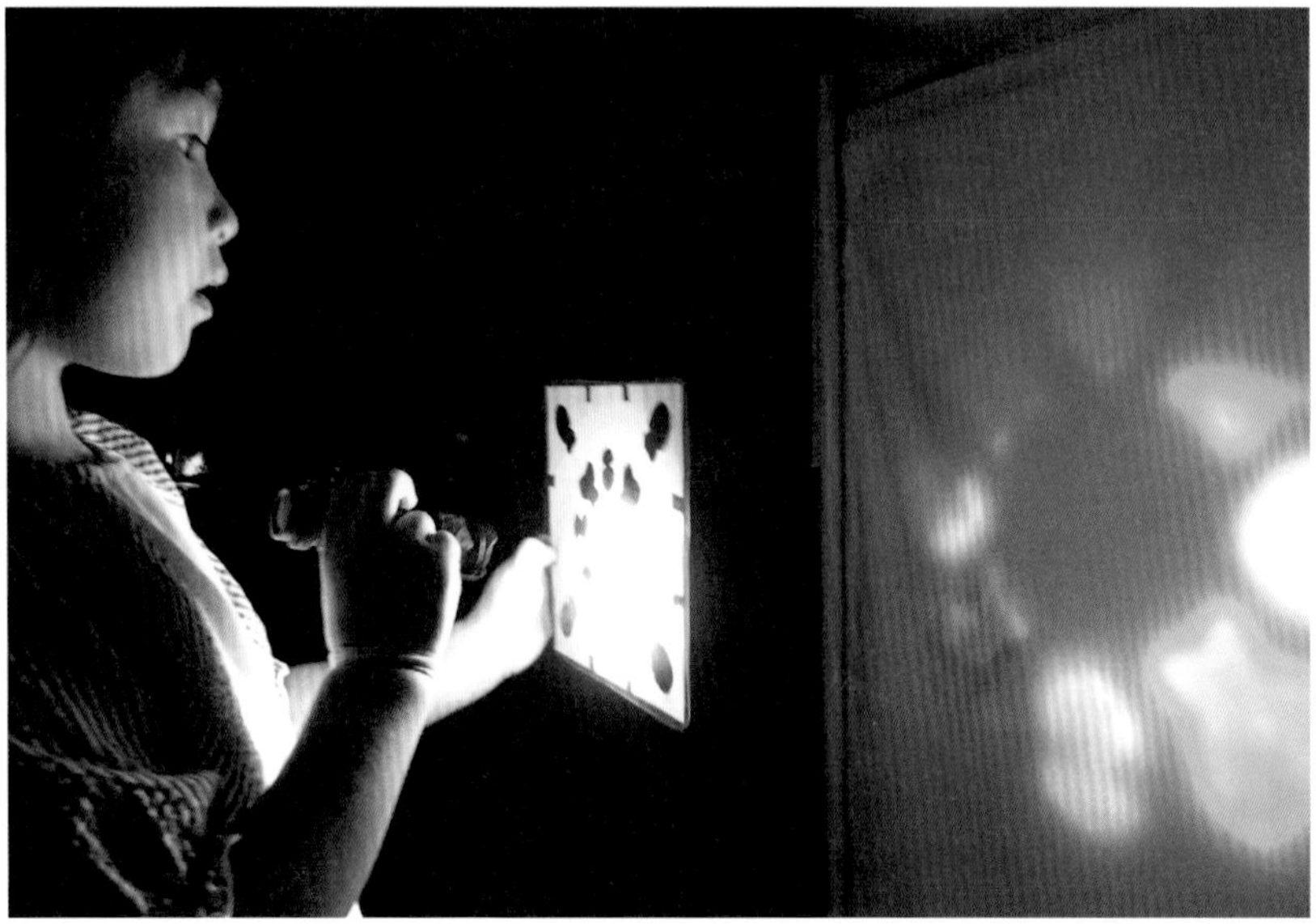

た喜びや驚きによって、子どもたちの心の中にたくさんのひだができるプロセスを大切にしているからです。

そこで、新たに取り入れたのがOODAです。OODAとは、Observe（観察）、Orient（状況判断）、Decide（意思決定）、Act（行動）の4つのステップでの思考・意思決定の方法で、もともとはアメリカ空軍で考えられたといわれています。空軍では機上で敵と遭遇したとき、状況を観察してすばやく判断しなければなりません。本部と連絡をとる時間の余裕がないときは自分の意思でものごとを決定し、迅速に行動をとる必要があります。OODAの特徴の一つは、何か起こったときに瞬時の判断で意思決定をしていくということです。したがって、PDCAよりも、これからどう展開するかが読みづらい状況に適しているとされています。

子どもを主体とした保育も、子どもの思いによって、刻々とあそびや活動は変化していきます。子どもたちをよく見て、今、何が起きているかという情報を集め（Observe：観察）、ドキュメンテーションやポートフォリオを使って観察から得た情報を整理し（Orient：状況判断）、その整理した情報をもとに保育ウェブをかいて可視化し、最も効果的な明日からの保育を決め（Decide：意思決定）、あそびや生活の環境を構成（Act：行動）します。そして、またあそびや活動の状況を踏まえて、子どもたちをよく見ることを繰り返していきます。

あそびや生活では、ただ決まったことを実行するだけでなく、状況に応じて臨機応変に対応することも必要です。子どもたちも保育も日々変化していきますから、迅速に状況を判断して対応するOODAループの考え方が、これからの保育には適しているように感じています。

子どもたちも保育も日々変化している。
迅速な判断や対応が必要なことには、
OODAが適している。

保育におけるOODA

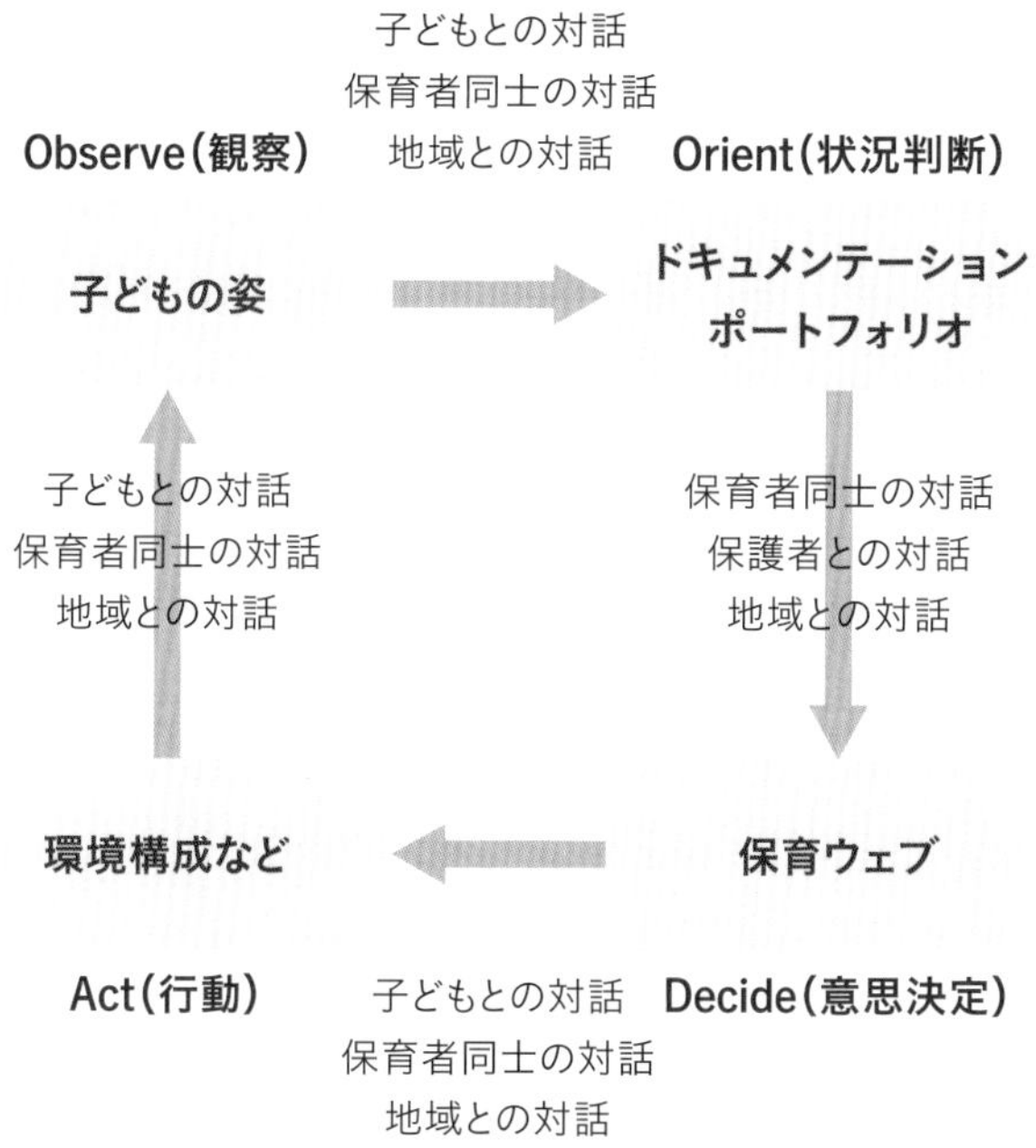

Observe（観察）
子どもの姿
子どもとの対話
保育者同士の対話
地域との対話
Orient（状況判断）
ドキュメンテーション
ポートフォリオ
保育者同士の対話
保護者との対話
地域との対話
Decide（意思決定）
保育ウェブ
子どもとの対話
保育者同士の対話
地域との対話
Act（行動）
環境構成など
子どもとの対話
保育者同士の対話
地域との対話

保育者一人一人もOODAで、主体的に行動することが大切

　また、OODAループは、保育者一人一人の思考方法としても適しています。保育の現場では、経験の浅い保育者であっても、周りに園長や主任がいないときは自分で瞬時に判断していかなければならないことがたくさんあります。例えば、子どもが何か保育者に聞いてきたとき、どう答えるか――。「この葉っぱは、何？」と子どもに聞かれたとき、すぐに「○○だよ」と答えてしまうか、「図鑑で調べてみようよ」と誘うかで、子どもの反応は大きく違います。「○○だよ」と答えてしまったら、子どもはただ「ふーん」で終わってしまうかもしれません。でも、「調べてみようよ」と誘うことで、その葉っぱへの興味が深くなるかもしれませんし、図鑑に載っているほかの葉っぱにも興味をもって、次第に植物全般への興味や、ままごと、クッキングなどの活動に移り、あそびが深まっていくかもしれません。保育者の言葉かけ一つでも、子どもの経験が広がる可能性や、興味・関心が深まっていくチャンスはたくさんあるのです。そう考えると、保育者はいつでもOODAループを念頭に、保育をしていくことが大切かもしれません。

　そのときに必要なのは、状況を判断する際に、園の保育観や理念が頭にしっかり入っていることです。しっかり頭に入っていれば、一対一で保育者が子どもと接するときにも園の保育観や理念を踏まえて考え、その状況に応じた最適な答え方を選ぶことができるでしょう。

　私たち保育者は、いつでも子どものもって生まれた能力を十分に伸ばそうとしています。それには、保育者自身も常に主体的に保育を考えて、自ら行動できる専門性を身につけていくことがとても大切ではないでしょうか。

大事なのは、園の保育観や理念が、いつも念頭にあること。

第2章

保育の質を高めるツールたち

仁慈保幼園では、ドキュメンテーション、ポートフォリオ、保育ウェブというツールを使い、それらをもとに日々対話をしながら保育の質を高めようとしています。

具体的にどのようにこれらのツールを保育に活かしているのでしょうか。

ドキュメンテーションを書くということ

園によっていろいろな形のドキュメンテーションがありますが、仁慈保幼園では、3・4・5歳児の異年齢クラスで、1日1枚、クラスごとにドキュメンテーションを作成し、写真と文章で子どもの生活や学び、子ども同士のかかわりや、集団の中での一人一人の育ちを中心に記録しています。ドキュメンテーション作成時にどんなことを大切にしているのか、いくつかのポイントを紹介します。

子どもの興味・関心をとらえる

子ども主体の保育をする上では、「子どもが今、何を考えているのか」「何をしたいのか」ということを保育者が知ることがとても大切です。そのためには、写真だけでなく、ある程度の文章で子どもの姿を記録し、後から振り返るとき、役立つようにしています。毎日、子どもの姿を記録することを積み重ねることで、子どもの成長や興味・関心が浮き彫りになってきます。また、「書く」という行為には、自分の考えを整理してまとめるという役割もあります。

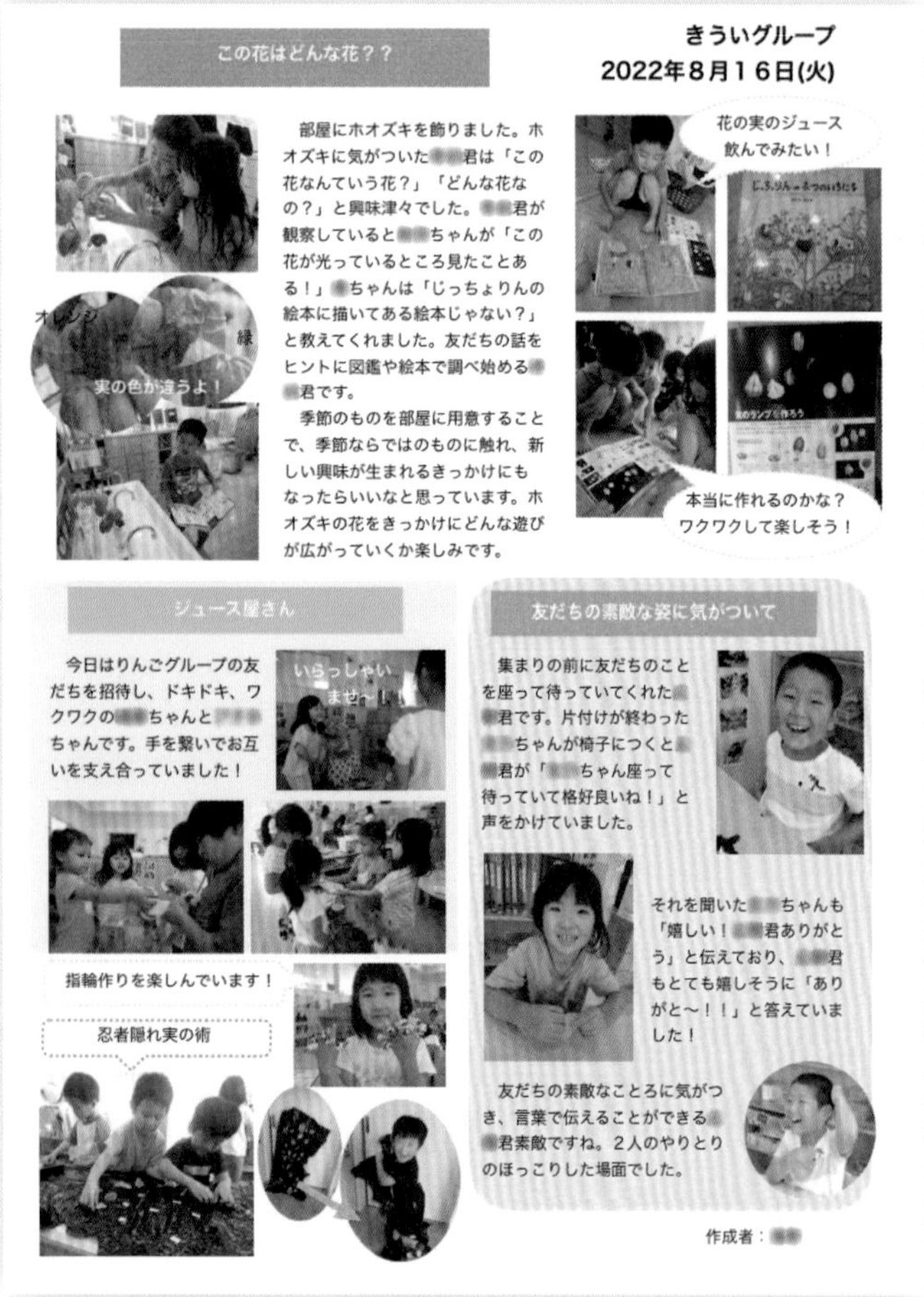

この花はどんな花？？

きういグループ
2022年8月16日(火)

部屋にホオズキを飾りました。ホオズキに気がついた[redacted]君は「この花なんていう花？」「どんな花なの？」と興味津々でした。[redacted]君が観察していると[redacted]ちゃんが「この花が光っているところ見たことある！」[redacted]ちゃんは「じっちょりんの絵本に描いてある絵本じゃない？」と教えてくれました。友だちの話をヒントに図鑑や絵本で調べ始める[redacted]君です。

季節のものを部屋に用意することで、季節ならではのものに触れ、新しい興味が生まれるきっかけにもなったらいいなと思っています。ホオズキの花をきっかけにどんな遊びが広がっていくか楽しみです。

オレンジ
緑
実の色が違うよ！
花の実のジュース飲んでみたい！
本当に作れるのかな？ワクワクして楽しそう！

ジュース屋さん

今日はりんごグループの友だちを招待し、ドキドキ、ワクワクの[redacted]ちゃんと[redacted]ちゃんです。手を繋いでお互いを支え合っていました！

いらっしゃいませ～！
指輪作りを楽しんでいます！
忍者隠れ実の術

友だちの素敵な姿に気がついて

集まりの前に友だちのことを座って待っていてくれた[redacted]君です。片付けが終わった[redacted]ちゃんが椅子につくと[redacted]君が「[redacted]ちゃん座って待っていて格好良いね！」と声をかけていました。

それを聞いた[redacted]ちゃんも「嬉しい！[redacted]君ありがとう」と伝えており、[redacted]君もとても嬉しそうに「ありがと～！！」と答えていました！

友だちの素敵なところに気がつき、言葉で伝えることができる[redacted]君素敵ですね。2人のやりとりのほっこりした場面でした。

作成者：[redacted]

毎日クラスの中で起きる、いくつかの活動のトピックを記す。

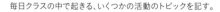

学びの軌跡がわかるように

　ドキュメンテーションは毎日作成します。ドキュメンテーションでは、「今日は、〇〇をしました」などと、その日にあった表面的な出来事だけを書くのではなく、あそびや活動がどのように発展してきたかなど、変化に着目して書くことを大切にしています。なぜなら、あそびがどう展開し、変化していったのかを連続性の中でとらえること、また、そのあそびが始まったきっかけを振り返ってみることで、あそびに対する保育者の考察が深まるからです。途中経過を大切にし、あそびの盛り上がり方や、子どもたちの興味・関心の変化などを読み取れることが大事です。うまくいったことだけでなく、試行錯誤する様子も書いていきます。

　例えば、子どもの作品を紹介するときも、「今日、〇〇を作りました」と、簡単な文章と写真だけで紹介するのではなく、その子がどういう経緯で作品作りに取り組もうと思い立ったのか、どんな工夫があったのか、作品作りに行き詰まったとき友達からどんなアドバイスがあったのかなどを考えながら書いていくと、その子の心の動きなどがより鮮明に見えてくることがあります。

クラスの中での個をとらえる

ドキュメンテーションは、各クラスで一枚作成します。クラスの中のあそびを通して、ある一人の子とほかの子どもとのつながりを中心に書くことで、一人一人の子どもの姿が浮かび上がってくることがあります。

例えば、お祭りのおみこしを見て触発されたAちゃんが、おみこし作りを始めたことがありました。その子に注目して見ていると、一緒に作りたいというBちゃんが出てきます。おみこしを試行錯誤しながら作っている友達を見て、ほかの子どもたちも「お祭りをしよう」「屋台を出したい」などと、お祭りの活動が盛り上がっていきました。クラスという単位で見ると、みんなでお祭りをしようという姿ですが、一人一人を見ていくと、おみこしを作りたい子、屋台をやりたい子、保護者やほかのクラスの子に招待状を書きたい子など、やりたいことや興味・関心はさまざまです。どうしてBちゃんは、Aちゃんと一緒におみこしを作りたかったのでしょうか？　Aちゃんと仲がよいから？　自分もお祭りでおみこしを見てワクワクした経験があるから？　友達とつながって触発されるということには、その子になんらかの経験があったり、思いがあったりします。ほかの子どもとつながるときの姿は、その子を理解しようとする際の大きな手がかりとなります。

保育を深く考える契機とする

ドキュメンテーションでは、限られた紙面の中で、その日の保育を伝えなければなりません。ですから、写真を撮影するときなどに、どうしてこの場面をピックアップしようと思ったのかを考えることが大切です。後からドキュメンテーションを見直して保育を振り返るとき、漠然と子どもたちを撮った写真では、そのとき自分が何に注目したのかがあやふやになってしまうことがあります。振り返りのときにわかりやすいような写真を撮っておくことが大事です。

また、伝えたいことや記録したいことを考えて写真を撮り、その写真を見ながら振り返るということを毎日繰り返していくことで、「もっとこうすればよかった」「今度はこうしよう」などと自分の保育を見直したり、深く考えたりする契機になっていきます。

できるだけ、客観的に書く

ドキュメンテーションを作成するときは、できるだけ事実を客観的に記録することが大切です。事実をありのままに書くことで、後からドキュメンテーションをもとに保育者同士で振り返りをするとき、「こういうことなのでは」と、ほかの保育者から子どもの姿の解釈について新たな視点が出やすくなります。ほかの保育者との対話の中で、一人の子どもを多面的に見ることができ、全体像が立体的に浮かび上がってきます。

省察や明日への展望を2枚目に

ドキュメンテーションの2枚目には、振り返りと次の日への展望などを記すページを設けています。個人情報が書かれることもありますし、保育日誌も兼ねているので、内部資料としています。1枚目のドキュメンテーションには客観的な子どもの様子を記入し、2枚目に子どもの姿から自分で考えたことや省察、次の日の環境構成やねらいなどを記します。2枚目があることで、自分の考えをまとめたり、次の日の保育につなげていったりすることができます。

掲示するのは、1枚目のドキュメンテーションだけだが、実際には省察や次の日の展望を書いたページとセットになっている。

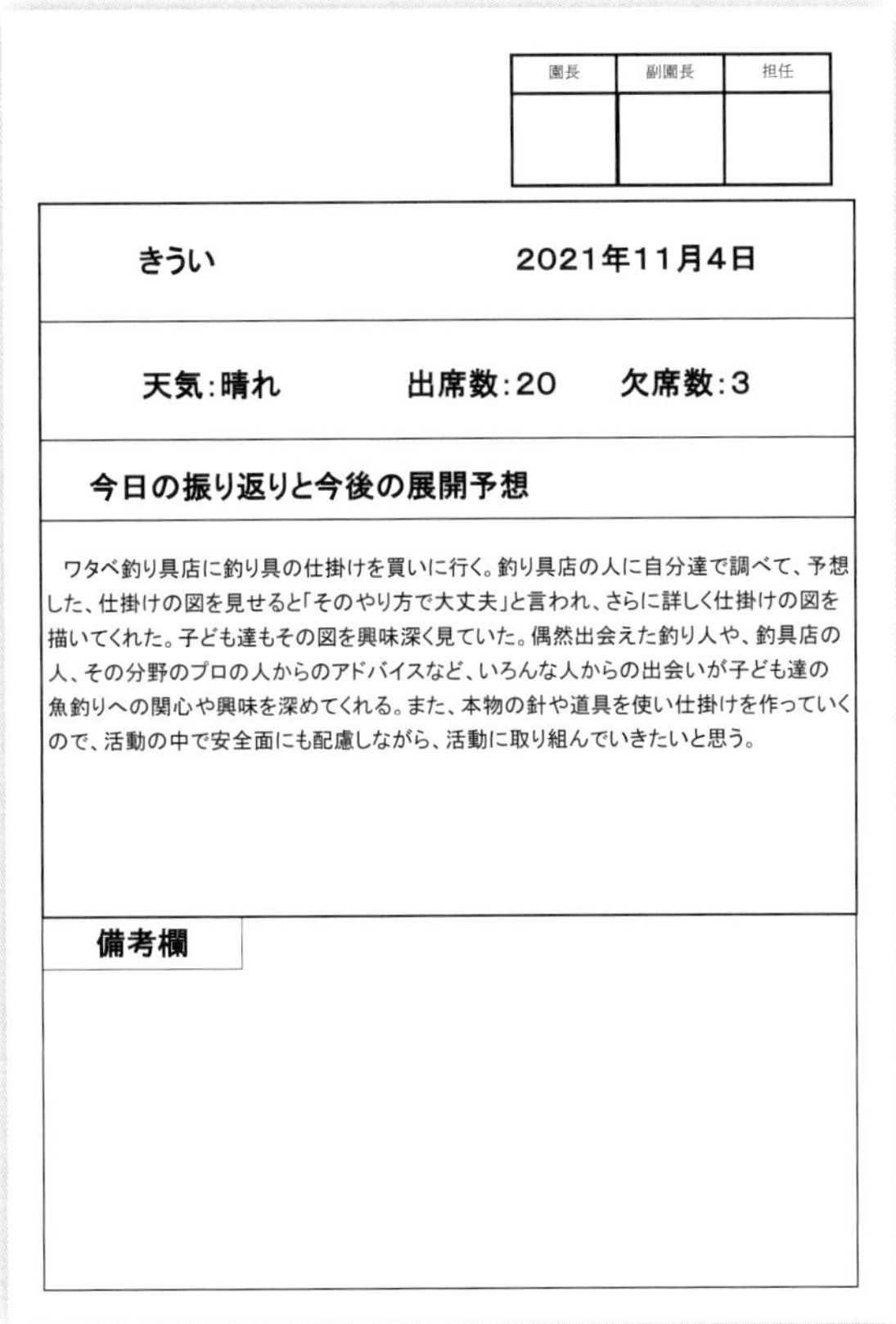

園長	副園長	担任

きうい	2021年11月4日
天気：晴れ　　出席数：20　　欠席数：3	
今日の振り返りと今後の展開予想	

ワタベ釣り具店に釣り具の仕掛けを買いに行く。釣り具店の人に自分達で調べて、予想した、仕掛けの図を見せると「そのやり方で大丈夫」と言われ、さらに詳しく仕掛けの図を描いてくれた。子ども達もその図を興味深く見ていた。偶然出会えた釣り人や、釣具店の人、その分野のプロの人からのアドバイスなど、いろんな人からの出会いが子ども達の魚釣りへの関心や興味を深めてくれる。また、本物の針や道具を使い仕掛けを作っていくので、活動の中で安全面にも配慮しながら、活動に取り組んでいきたいと思う。

備考欄

2枚目

ワタベ釣り具に仕掛けの道具を買いに行きました　2021 11.4(木)作成者松尾
[redacted]君と[redacted]君は、ワタベ釣り具店に釣り具の仕掛けを買いに行きました。先週に、必要な道具の値段を調べていたので、お店の中に入ると、針や浮き、糸や重りの売っている場所を探して、カゴの中に入れていました。お店の方に、自分達の予想した仕掛けを見せると「そのやり方で、大丈夫だと思う」と言ってくれて、仕掛けの作り方の図も釣り具店の人描いてくれたので、自分達の予想図と一緒に見ながら釣り竿の仕掛け作りをしていこうと思います。本物の道具を使うので、慎重に扱って仕掛け作りをしていこうと思います。
仕掛けに必要な道具を買いました
お化け屋敷で、影絵や
お化けの道具を使って驚かせたい
お化け屋敷で、お化けの仮装をして驚かす以外にも、[redacted]君や[redacted]君は「怖い影絵をして驚かせてみたい」と言ってお化け屋敷の中で影絵をする事も考えています。[redacted]ちゃんは、廃材や素材を使い、お化けの道具を使い「お化けを作って驚かせてみたい」と言って、いろんなお化けの驚かせ方を考えていこうとしています。
お化けが本当に光ってるみたい
[redacted]君と[redacted]君は、火曜日作った、提灯ランプが完成して、ライトを入れて光らせてみることにしました。明かりが灯ると描いた模様が光り「お化けが本当に光っているみたい」と言って、自分達の作ったランプに怖さを感じていました。
提灯ランプ
BTSのダンス　ダイナマイト＆バター
貞子の衣装　白い服に模様を付けました
お化け屋敷で「貞子になって驚かせたい」と言って、貞子の衣装作りが始まりました。白い布をシャツに見立てて、形に切り、赤い絵の具で模様を付けています
[redacted]が、[redacted]君と[redacted]君達と一緒にBTSのダイナマイトとバターのダンスを踊って遊んでいました。リズムにのりながらステップをしたり、体を動かしています。

1枚目

対話を生み出すドキュメンテーション

ドキュメンテーションには、子どもの姿を記録し、保育を振り返って省察し、次の日からの保育を創造していくほかに、さまざまな対話を生み出すという大きな役割があります。

担任同士のコミュニケーション

ドキュメンテーションを作成する際、クラスの担任同士の対話がとても大切になります（3・4・5歳児クラスは2人担任制）。その日の作成担当の担任に、もう一人の担任が保育中に取った簡単なメモ書きを渡しながら、ドキュメンテーションに載せたいと思う子どもの姿や出来事について、5〜10分程度の対話をして共有します。そこでは、どの写真を使うか、どういった活動のトピックを取り上げるのかを話し合います。同じ子どもの姿を見ていても、それぞれ感じ方や受け取り方が違うことに気がつくことが多いでしょう。そこからまた対話が生まれ、保育観の共有につながっていきます。

担任以外の保育者ともその日の保育を共有

子どもたちの午睡時に、その日の担当者は、事務室のパソコンでドキュメンテーションを作成します。事務室には長机にパソコンが並んでいて、隣に座った別のクラスの担当者が作成しているドキュメンテーションも目に入るので、他クラスの状況や、ドキュメンテーションに記されているあそびや生活についての対話が生まれます。また、ドキュメンテーションは園長や主任も確認するので、ここでも対話が生まれます。

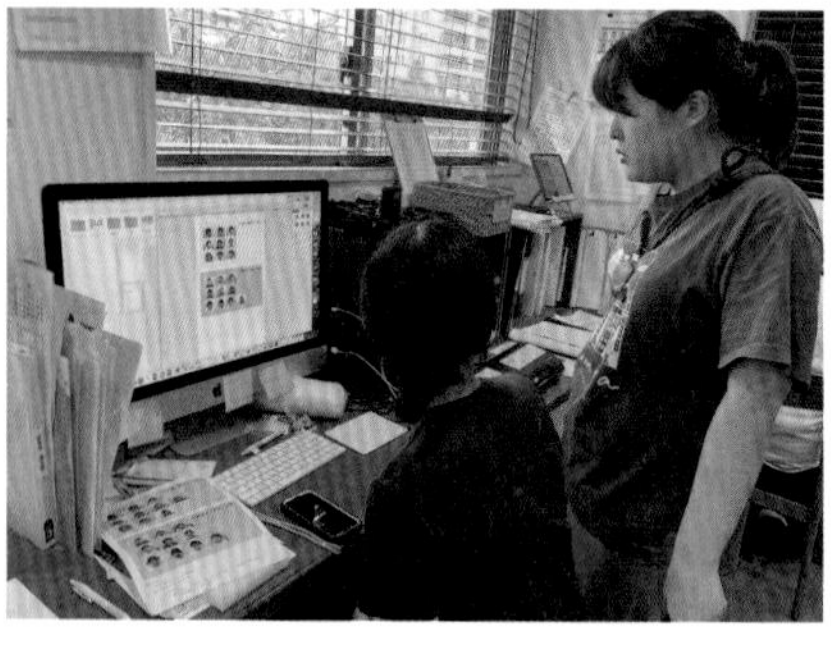

保護者との対話のきっかけに

ドキュメンテーションは毎日、降園が始まる時間までに保護者の目に付くところに掲示します。そうすることで、ドキュメンテーションを読んだ保護者との間に対話が生まれます。お迎えに来た保護者がその日の保育を知ることで、子どもと保護者の間にも対話のきっかけができていきます。子どもの今の興味も保護者に伝わるので、休みの日に家族で子どもの興味に即した場所に出かけてみたり、親子で調べものをしたりという姿がよく見られます。子どもの興味・関心、学びが家庭でも連続するようになり、園での活動にも広がりや深まりが増していきます。

また、保護者が保育の流れを知ることで、園の保育が伝わるだけでなく、子どもの関心や疑問に対して「こうしたら」という意見がもらえたり、保育に対して協力の申し出なども増えていきます。ドキュメンテーションを掲示したことが契機になり、保護者の意見も保育に反映されるとともに、自然と保護者と園の保育観を共有でき、一緒に子育てができるような関係になっていきます。

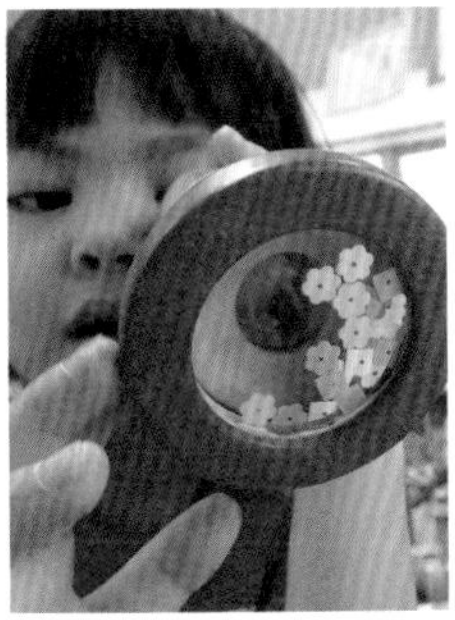

ドキュメンテーションを作ってみよう

保育の質の向上につながるドキュメンテーション。では、その具体的な作成のポイントと流れを順にご紹介します。

読みやすい文章量で書く

ドキュメンテーションは、その日に起こったいくつかの活動のトピックが読み手に簡潔に伝わるよう、A４用紙１枚にまとめています。午睡時の短い時間の中で、簡潔にいくつかのトピックをまとめるには、そのくらいが適量と考えています。あまり長いと、書く保育者にとっても、読み手にとっても負担です。大きなトピックがあって、写真をたくさん載せたい場合などは、A３用紙にしたり、A４用紙複数枚で作成するときもあります。

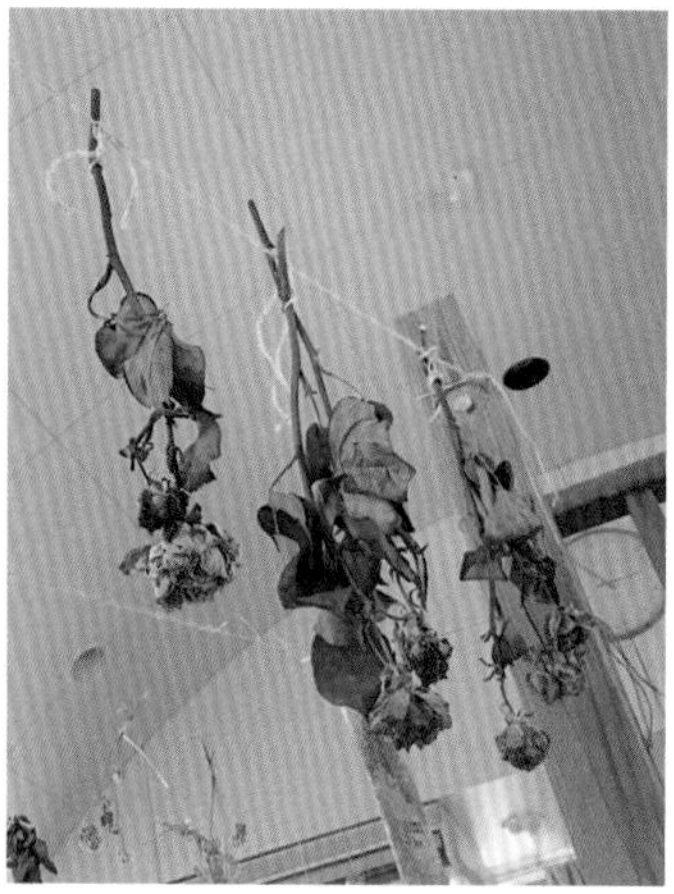

子どもが興味・関心をもっている様子を載せる

ドキュメンテーションに載せる写真は、子どもが夢中で活動に取り組んでいる様子、試行錯誤している姿など、後々保育を振り返ったときに意味のある写真を選びます。例えば、カメラの前でみんなでポーズをとっている写真などは、保育そのものの質を高めることにはつながらないので、避けるようにしています。

取り上げるトピックは保育者間で相談しながら

各クラスには、いくつかのコーナーがあり、ドキュメンテーションの担当者だけではすべてのコーナーで起こっていることを把握するのは難しいかもしれません。ドキュメンテーションを作成する前には、必ずもう一人の担任から気づいたトピックを聞き、内容を相談してから作成するようにします。

パソコンで作成する利点

ドキュメンテーションはパソコンで作成しています。その利点としては、手で書くより読みやすいということもありますが、いちばんは、過去の記録を検索したり、ほかの書類に活用したりできることが挙げられるでしょう。

また、作成者によって、字の大きさや書体があまりにもバラバラだと統一感がありません。保育室や廊下などに掲示することもあるので、使う文字の大きさや書体は統一するようにしています。

レイアウトはシンプルに

ドキュメンテーションは写真と文章で構成し、凝ったレイアウトにする必要はありません。装飾などには時間をかけず、掲載する内容を吟味することに時間をかけることを大事にしています。また、レイアウトをシンプルにしたほうが読みやすいということもあります。

こんな砂の美術館をしたい！　2014. 6. 17(火)

ちゃんは、以前から砂の美術館をしたいと考えています。昨日の夕方に砂の美術館でどんなことをしたいかを聞くとちゃんとちゃんが色々なアイディアを出して教えてくれました。2人は、『砂でお城を作りたい、砂で絵を描くコーナーや砂鉄で絵を描くコーナー、砂で遊べるコーナー、砂のマジックのコーナー、お店屋さんで何か作ったものを売るところ、食べるコーナー、お客さんには、子どもやお父さん達も呼びたい』と考えています。食べるコーナーでは、野菜作りで知ったメキシコで食べられているトウモロコシ黒穂病の缶詰か鳥取砂丘の砂の美術館でロシアのお城を作っていたことから、ロシアの食べ物とたくさんのアイディアを出しています。しかし、君は、トウモロコシ黒穂病のトウモロコシがとても怖くて黒穂病の缶詰を食べる？と聞いたときには、「いやいやいやそれは、食べれんわ」と驚いていました。色々なことを考えている2人ですが、これからどうやってお城を作るのか？砂のマジックってどんなものがあるのか？ロシアの食べ物って何があるのか？等々たくさんの事を調べて、実際に作れるか試行錯誤しながらなので時間もたくさんかかりそうですが、とても楽しい砂の美術館になりそうです。

三原色の懐中電灯を使って

君は、科学の図鑑を見ながら「三原色の懐中電灯でビー玉を照らすと綺麗に見える」ということを知り懐中電灯にカラーセロファンを付けて水の入ったコップにビー玉入れて照らしてみました。するととてもきれいに見え周りで見ていた君や君も「きれい」と興味を持っていました。朝の集まりで紹介するとまだ見ていなかった子ども達もちゃんは「蛍みたいだった」、ちゃんは「ライトを動かすと色が変わって見えた」と話していました。君は、「水だけでもきれい？」ということを思いつき、「水だけ」「ビー玉だけ」と実際に照らしてみるととてもきれいに見えました。

顔や影絵に当てて・・・

カプラを使って

縫い物に初挑戦！

ちゃんは、カバンに花の模様の付いたカバンを作ろうとフェルトで花を縫って作りました。初めての縫い物でしたがほとんどからまることなく縫うことが出来てちゃんの手先の器用さに驚きました。

梅干し作り

君とちゃん、ちゃん達は、梅干しの重石を軽くしようと石を少し取り、君のお家から借りた少し小さなビンに移し替えました。すると、「いちごの匂いがする」「梅の良い匂いがする」と匂いを嗅いでいました。もう少ししたらシソを入れようと楽しみにしています。

身体測定をしました

※仁慈保幼園では、ドキュメンテーションを作成するときに、Apple社の「Pages」というソフトや、Microsoft社の「Microsoft Publisher」というソフトを使っています。両方とも簡易DTPソフトです。デザイン系のソフトよりも使い方が簡単で、「Microsoft Word」や「Microsoft Excel」よりも自由度の高いレイアウトが可能です。紙面上に文章や写真を自由に配置でき、はじめて使う人でもあまりストレスなく、短時間で作業ができます。
（「Pages」はApple社の、「Microsoft Publisher」「Microsoft Word」「Microsoft Excel」は、Microsoft社の商標です。）

子どもの発言を
そのまま載せるのも効果的

ときには、子どもの発言をそのまま載せると、大人が思いもよらない発想や着眼点が見えてきて、読み手にその場の雰囲気などが伝わりやすくなります。

ただし、「おもしろかったね！」「楽しい！」などの吹き出しを写真に添えることはしないようにしています。それは、保育者の主観であって子どもの発言ではないことが多いからです。子どもの発言を正確に記録することで、そのあそびや活動の状況を理解しやすくなります。

子どもの発言は、本文内に入れ込んだり、別紙に書いて記録します。

ばななグループ　2023年10月2日（月）作成者：[redacted]

クワガタの飼育

砧公園で見つけて、クラスで飼っているクワガタですが、子どもたちは今でも登園すると毎日様子を確認して、昆虫ゼリーに付いてしまった土を取ったり、リンゴをあげたりとお世話をしてくれています。今日もお世話をしてくれていたのですが、[redacted]くんがふと思い出したように、「土は１２センチくらいないとダメなんだって、お家の図鑑で見たんだよ」と話していました。そこでクラスにある図鑑で確認してみると、"卵を産ませるには土を１５センチ以上入れる"また、"４０センチ以上の飼育ケース、産卵木が必要"と書かれていました。

定規で測ってみると今のお家の土の深さは５センチ程、虫かごの大きさは２５センチ程でした。「（今の虫かごに）土を１５センチ入れたら（クワガタの活動するところが）狭くなっちゃう」と、[redacted]くん。クワガタの産卵時期は過ぎてしまっていますが、クワガタの飼育環境に気づく良いきっかけになったように思います。

「クワガタの虫かごにコバエとかアリが入っちゃうんだよ（[redacted]くん）」と、困っている様子です。大切にしているからこそ、困りごとも出てきます。「紙とか挟んだらどう？（[redacted]くん）」などと、子どもたちと対策を考えているところです。

園庭に出ると、今日も幼虫探しをしていました。毎日のよう探しているので話を聞いてみると「だって幼虫育てたいから（[redacted]くん、[redacted]くん）」「育ててね、大きくなったら何の虫だったか分かるの（[redacted]くん）」と、今の子どもたちの関心が"育てる"というところにあることが伝わってきました。幼虫から成虫に変化すること自体が、子どもたちにとってはワクワクする出来事なのでしょうね。

光る塗り絵

何の実？

登園時、保育園の近くで"何かの実"を見つけたという[redacted]くん。「調べる！」と意気込んでいます。

前、[redacted]くんが持ってきた実と似てる匂いがする！

色が変わる石

「（石を）水に濡らすと茶色くなるんだよ」と[redacted]くん。水が付くと茶色、乾くと灰色に戻ることに気がつき、不思議そうに見つめていました。

子どもの発言は、本文内に入れ込む。

文章と写真で構成されたドキュメンテーションの次のページに、
子どもたちの会話だけを載せるときも。

【きゅうりどうなった？】
[redacted]君　「枯れたと思う暑かったのにお休みの時水あげなかったから」
[redacted]君　「こんなの（体で小さくなったのを表現する）になった」
[redacted]君　「細くなっちゃった」

【どうしてそうなったのかな？】
[redacted]君　「水いっぱいあげたから」
[redacted]ちゃん「おやすみの時（水やり）できなかったから」
[redacted]ちゃん「水あげすぎた」
[redacted]君　「肥料あげすぎたかもしれん」
[redacted]君　「確かに！」
[redacted]ちゃん「（おじいちゃんの栄養の土は）肥料少しって言ってた」
[redacted]君　「枯れちゃう」
[redacted]ちゃん「昨日より枯れてると思う」
[redacted]君　「外で見てみようよ！」
[redacted]君　「ミミズが土の中でダンスしてるんじゃない？」
[redacted]君　「それで食べられたとか？」
[redacted]君　「いや、それだったら土から出てくるでしょ！」
[redacted]君　「中が根っこがあるけん、根っこ食べられる？」
[redacted]君　「土から出して遊べる様にする」
[redacted]君　「昨日、お家の土の中にミミズいた。道路にいたよ。長かったよ」
[redacted]ちゃん「ダンゴムシが葉っぱ食べてウンチしてそのウンチをミミズが食べて元気になるんだよ」
[redacted]君　「そんなことしたらダンゴムシがかわいそう（食べさせられてウンチさせられるから）」
[redacted]君　「いや、ダンゴムシも自分でいい時にウンチはするから大丈夫でしょ！」

【これから新しい種を植えて育てる。今度はどうする？】
[redacted]ちゃん「みんなで食べたいきゅうりだからみんなの力が欲しい」
[redacted]ちゃん「畑の達人や畑の本を見て、必要なものを見る」
[redacted]君　「水やりしたらいい」
[redacted]君　「種をまいて、水やり、そしたら芽が出る」
[redacted]君　「肥料をあげる。１つだけ！１つだけだと育たないと思うからみんなで様子を見る。みんなで様子を見てたら神様も見てくれてて育つかもしれん」
[redacted]君　「魔法の水をかける」
[redacted]ちゃん「魔法の水は葉っぱが黄色くなる前につける！」
[redacted]君　「じゃあさ！種植える前にみんなで畑に集まったらいいんじゃない？」

ドキュメンテーションの実際

仁慈保幼園では、日々どのようなドキュメンテーションが作成されているのでしょうか。
クラスの中で、日々生まれている学びの物語の中から、この日は3つのトピックに注目しました。
実際のドキュメンテーションから、作成のポイントを紹介します。

見出しは、わかりやすく。

日付は忘れずに。

りんごグループ
2023年7月10日(月)

[redacted]くんの水槽の作り方を真似て

先週の金曜日、[redacted]くんが水槽をつくったという発表を真剣に聞いていた[redacted]くん。その日の夕方から自分の作品も水槽に飾ろうと思い、ダンボールを探して準備を始めていました。

目線を下げて撮影することで、より臨場感が伝わる。

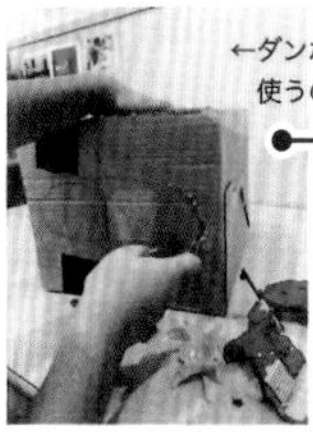

←ダンボールカッターを使うのは初めて…！

特に注目したい部分は、手元のクローズアップ写真も有用。

切り方、使う素材、貼る場所など、[redacted]くんの説明通りに再現しています。

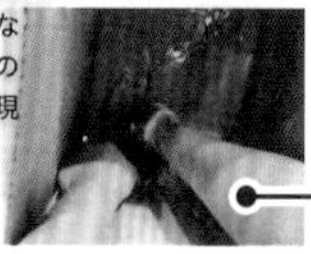

友達の話に触発されて、自分でも作品作りに試行錯誤する姿を紹介。

何度か[redacted]くんの水槽のあるところを行ったり来たりしながら細かいところまで見て、自分のダンボールに穴を開けるための線を描いたり、セロテープで貼る位置を確認したりしていました。次にやりたいことが[redacted]くんの頭の中にはしっかりと計画されているようでした。素敵だと憧れた友だちの遊びを真剣に真似て取り組む姿はとても素敵です。「あとは透明の糸（テグス）で吊るすだけだ！」と完成までを楽しみながら製作しています。

子どもの発言は、吹き出しよりも文章の中に。

[redacted]くんは[redacted]くんが使っていたダンボールカッターに興味を持ったようで「これなに？」と使い方を教えてもらっていました。「ぼくもダンボールカッター使いたい」とアトリエからダンボールを持ってきました。切ることに挑戦してみようと思います。

実際に友達の様子を見て、作品作りよりも段ボールカッターに興味をもった子も。

粘土で人魚姫

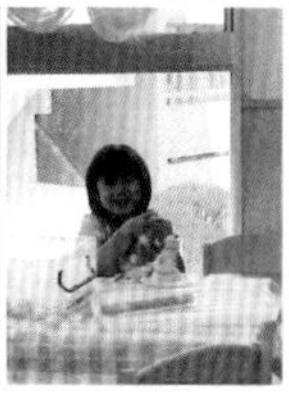

粘土を使っていくつかのパーツを作っていた[redacted]ちゃん。完成したものを見ると見事な人魚姫が座っていました。それぞれのパーツには尾ひれや鱗の模様が刻まれていてまるで彫刻のようです。[redacted]ちゃんのイメージを形にする力に感動しました。

個人の作品作りを紹介することで、子どもたちが見て影響を受け、新たなあそびの展開や友達とのつながりが期待できる。

手紙が届くまで

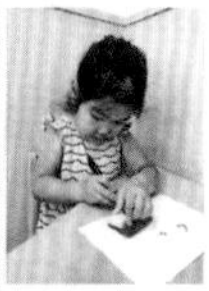

[redacted]ちゃんが家から『ゆうびんです！』という絵本を持ってきてくれました。手紙が届くまでの流れが分かる絵本でみんな興味津々。消印というスタンプが必要なことを知った[redacted]ちゃんはオリジナルのスタンプを作っています。

友達の持ってきた、郵便についてかかれた絵本から、あそびが広がる様子を取り上げた。

作成者：[redacted]

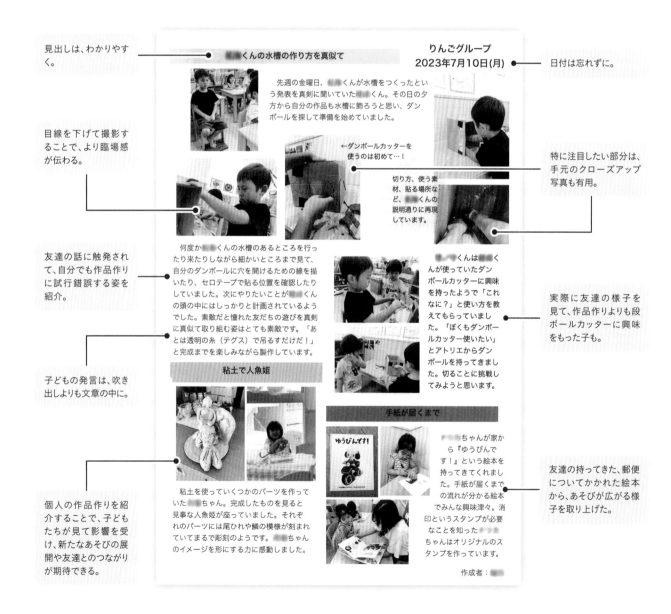

具体的な作成の流れ

実際にドキュメンテーションを作成していくときは、次のような流れで行っていきます。

1

担任同士で、ドキュメンテーションを作成する担当のローテーションを決める。一人の担任に偏らないようにする。

2

保育中に、担任はそれぞれの子どもを観察し、大事にしたい姿は何かを考えながら写真を撮り、簡単なメモ書きを作成する。

3

保育のすき間時間に5～10分、担任同士で子どもの様子について話す。その際、保育中にとったメモをドキュメンテーションの担当者に渡す。

4

担当者は、子どもの午睡時に事務室でドキュメンテーションを作成する。

5

作成したドキュメンテーションは、園長・主任に確認してもらい、対話をしながら振り返る。今後の保育の展開を予測し、次の日の保育につなげる。

6

ドキュメンテーションを廊下などに掲示し、保護者や他クラスの職員と共有する。

7

掲示が終わったドキュメンテーションは、1冊にファイルして保育室や廊下に置いておき、保護者も子どももいつでも見られるようにしている。

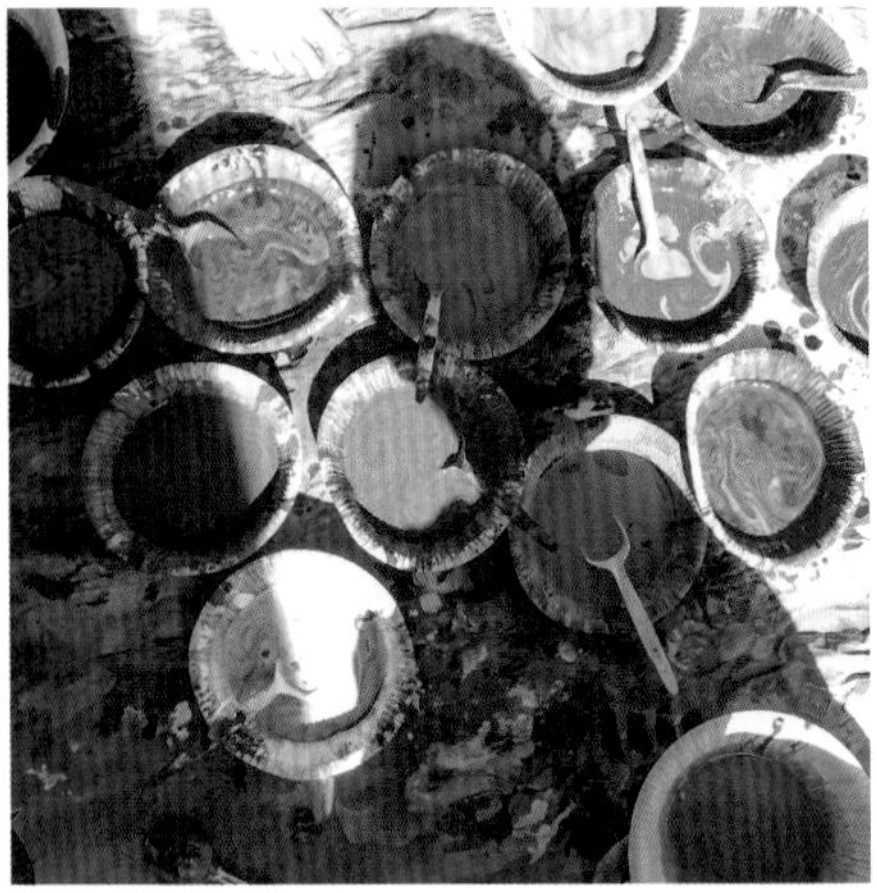

写真を撮るときのポイント

子どもたちがあそびや活動に夢中になっている姿をとらえることが大切です。撮るときにどんなことを心がけるとよいのでしょうか。

目線は低く

大人の目線ではなく、できるだけ子どもの目線に近い、低い位置から撮影すると、そのときの子どもの思いなどが伝わりやすい。

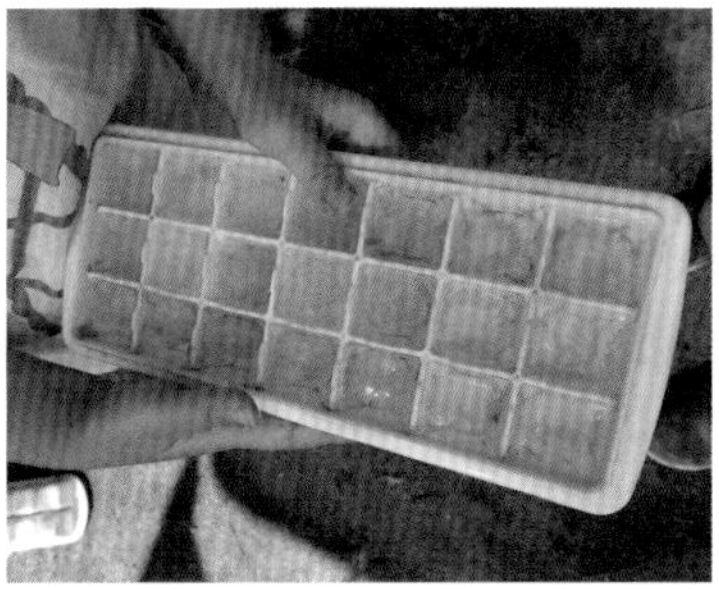

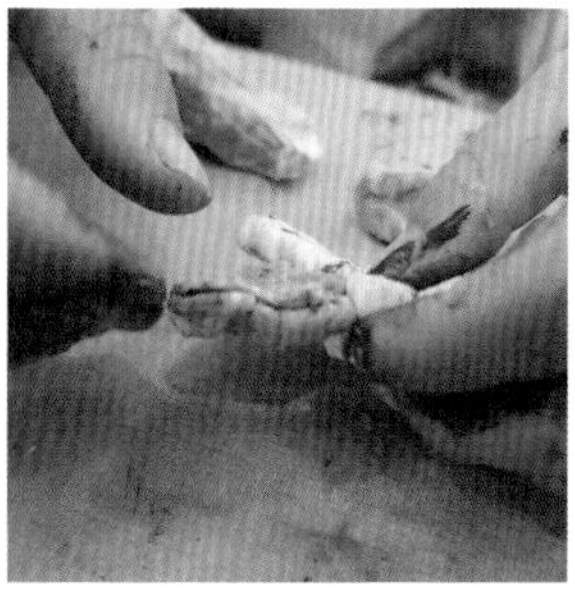

見せたいところをアップで

例えば、製作をしている子どもの手元などをクローズアップすることで、撮影している保育者が何に注目しているか、何を見せたいと思っているかが伝わりやすくなる。

ときには連続写真も

子どもが夢中で製作している場面などは、連続写真を掲載すると、製作物のできていく過程や、子どもの心の変化などが伝わりやすい。

さまざまなドキュメンテーション

クラスごとに毎日1枚作成しているドキュメンテーションですが、ときにはテーマ別のものを作成したり、子どものあそびを深めるために、子ども向けのドキュメンテーションなどを作成したりすることもあります。

行事でまとめる

行事のあったときは、その行事の紹介や子どもの様子などをドキュメンテーションにまとめて紹介することがあります。

保護者と楽しむ「ピアッツァ」という行事のドキュメンテーション。

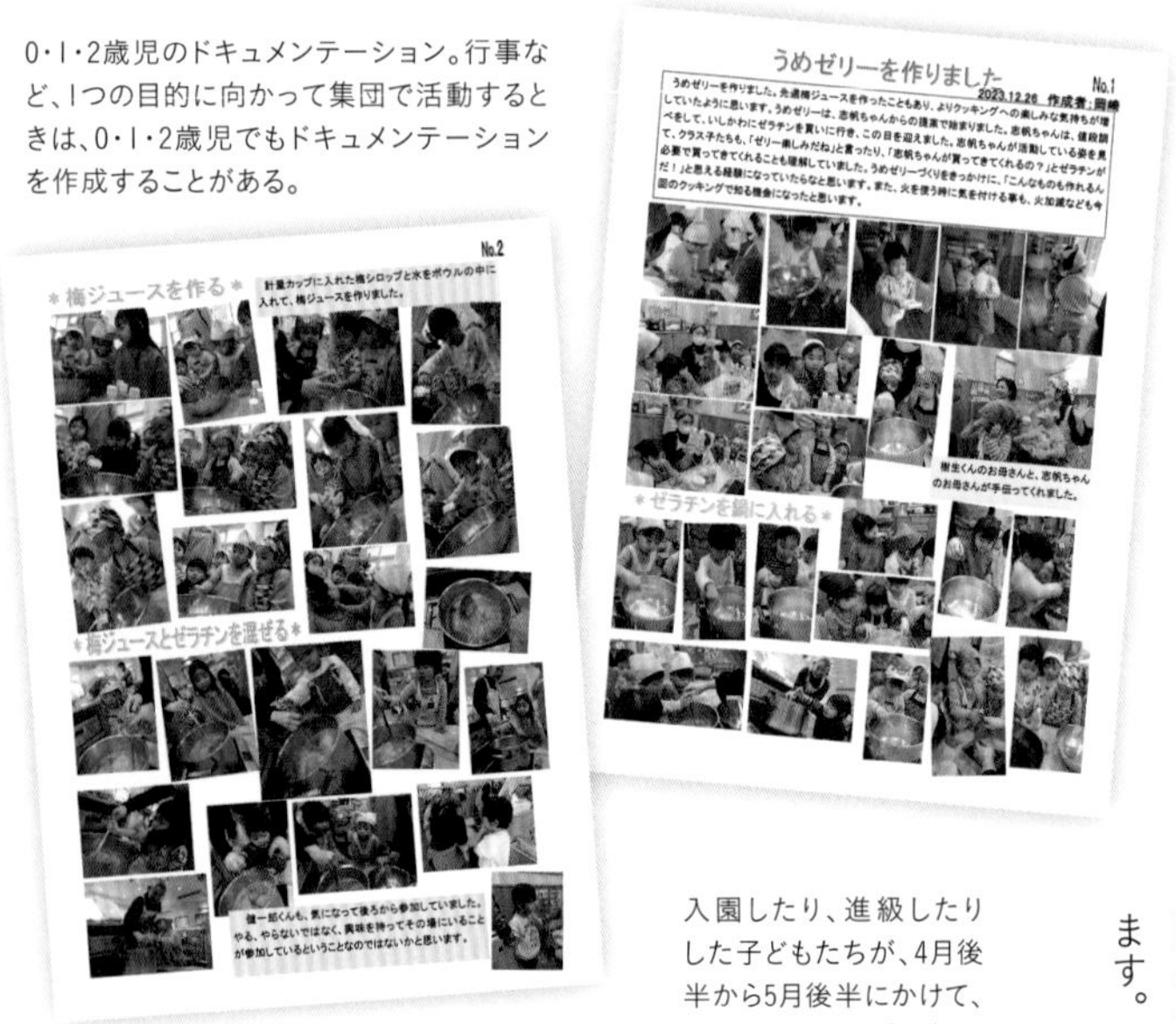

0・1・2歳児のドキュメンテーション。行事など、1つの目的に向かって集団で活動するときは、0・1・2歳児でもドキュメンテーションを作成することがある。

1か月ごとの振り返り

月に一度、その1か月を振り返り、トピックをまとめることで、子どもの成長や興味・関心の移り変わりなどがわかりやすくなります。

入園したり、進級したりした子どもたちが、4月後半から5月後半にかけて、徐々に新しい環境に慣れていく様子をまとめた。

テーマごとに成長をわかりやすく

クラスの中で盛り上がりを見せている活動をピックアップして、何枚かのドキュメンテーションを作成し、掲示することもあります。時系列に沿ってストーリーとして並べてみることで、点であった活動が線となって、子どもの成長や試行錯誤の様子がより見えやすくなります。

保護者には、結果だけでなく、子どもの興味・関心、試行錯誤を見てほしいという願いも伝わりやすくなります。また、保育者も活動をストーリーとして可視化することで、子どもの姿への理解が深まります。

クッキングをするきっかけになったエピソードから、準備や実際のクッキングの様子など、活動の過程をまとめたドキュメンテーション。

子ども向けのドキュメンテーション

一つのあそびで、こんな活動をしてきた、こんなものを作ったということが、子どもにもわかりやすいように、写真を中心に構成したドキュメンテーションです。このドキュメンテーションは、保育室の棚の側面や壁面など、子どもの目線の高さに掲示します。そうすることで、子どもたちにとっても活動の振り返りとなり、「次はこうしてみようか」などと新たな展開が起きたり、深まったりしていくことがあります。

文字を入れずに、活動や製作物の写真だけを掲示することも日常的に行っています。

子どもたちと共有したい写真だけを掲示することも。

子ども用に写真だけで構成したドキュメンテーション。

ポートフォリオの作成で大切にしたいこと

仁慈保幼園の0・1・2歳児クラスでは、月に1回、子ども一人一人の成長を文章と写真で記録したポートフォリオを作成しています。ドキュメンテーションとポートフォリオの大切な考え方は同じです。この項目では、ポートフォリオで、特に大切にしたいポイントを紹介します。

ドキュメンテーションとポートフォリオの違い

ドキュメンテーションは写真と文章で、クラスごとに子どもの生活や学びを記録したものですが、ポートフォリオは、一人一人の発達をとらえて、他者やモノとのかかわりを写真と文章で記したものです。0・1・2歳児クラスでは、月に1回、子どもごとに、A4用紙1枚のポートフォリオを作成しています。緩やかな育児担当制で保育を行っており、保育者はそれぞれ担当している子どもの分のポートフォリオを作ります。

3・4・5歳児は、0・1・2歳児期に「安心・安定」という生活の基盤が形作られ、その上であそびや学びにつながる活動が活発に行われています。そこで、ドキュメンテーションを使って、集団の中での個の成長や他者とのつながり、そこから生まれる子どものあそびや学びの姿を描いています。

一方、0・1・2歳児は、まずは「安心・安定」

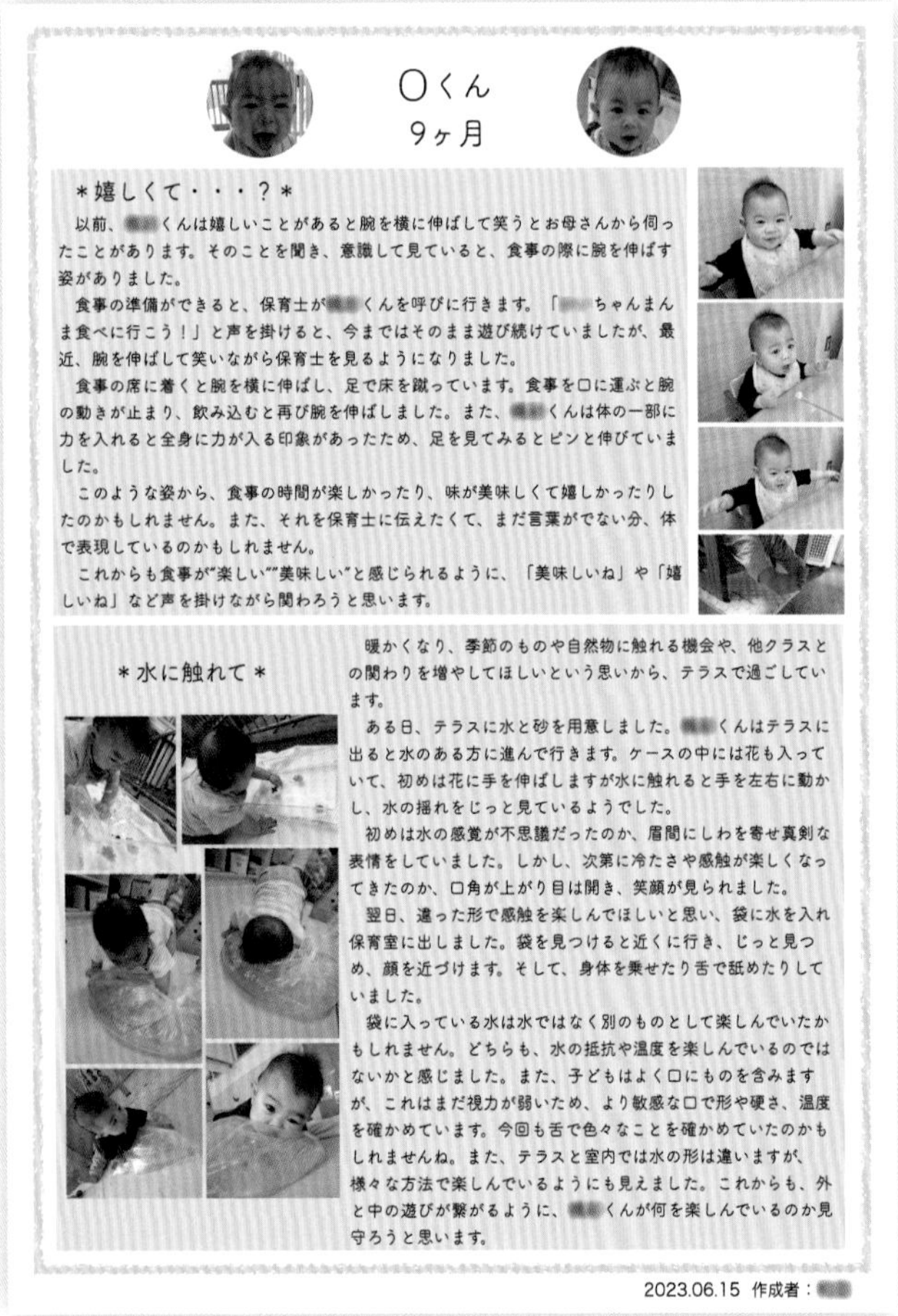

Oくん
9ヶ月

＊嬉しくて・・・？＊

以前、[redacted]くんは嬉しいことがあると腕を横に伸ばして笑うとお母さんから伺ったことがあります。そのことを聞き、意識して見ていると、食事の際に腕を伸ばす姿がありました。

食事の準備ができると、保育士が[redacted]くんを呼びに行きます。「[redacted]ちゃんまんま食べに行こう！」と声を掛けると、今まではそのまま遊び続けていましたが、最近、腕を伸ばして笑いながら保育士を見るようになりました。

食事の席に着くと腕を横に伸ばし、足で床を蹴っています。食事を口に運ぶと腕の動きが止まり、飲み込むと再び腕を伸ばしました。また、[redacted]くんは体の一部に力を入れると全身に力が入る印象があったため、足を見てみるとピンと伸びていました。

このような姿から、食事の時間が楽しかったり、味が美味しくて嬉しかったりしたのかもしれません。また、それを保育士に伝えたくて、まだ言葉がでない分、体で表現しているのかもしれません。

これからも食事が"楽しい""美味しい"と感じられるように、「美味しいね」や「嬉しいね」など声を掛けながら関わろうと思います。

＊水に触れて＊

暖かくなり、季節のものや自然物に触れる機会や、他クラスとの関わりを増やしてほしいという思いから、テラスで過ごしています。

ある日、テラスに水と砂を用意しました。[redacted]くんはテラスに出ると水のある方に進んで行きます。ケースの中には花も入っていて、初めは花に手を伸ばしますが水に触れると手を左右に動かし、水の揺れをじっと見ているようでした。

初めは水の感覚が不思議だったのか、眉間にしわを寄せ真剣な表情をしていました。しかし、次第に冷たさや感触が楽しくなってきたのか、口角が上がり目は開き、笑顔が見られました。

翌日、違った形で感触を楽しんでほしいと思い、袋に水を入れ保育室に出しました。袋を見つけると近くに行き、じっと見つめ、顔を近づけます。そして、身体を乗せたり舌で舐めたりしていました。

袋に入っている水は水ではなく別のものとして楽しんでいたかもしれません。どちらも、水の抵抗や温度を楽しんでいるのではないかと感じました。また、子どもはよく口にものを含みますが、これはまだ視力が弱いため、より敏感な口で形や硬さ、温度を確かめています。今回も舌で色々なことを確かめていたのかもしれませんね。また、テラスと室内では水の形は違いますが、様々な方法で楽しんでいるようにも見えました。これからも、外と中の遊びが繋がるように、[redacted]くんが何を楽しんでいるのか見守ろうと思います。

2023.06.15 作成者：[redacted]

0歳9か月男児のポートフォリオ。

という生活の基盤を確立することが大切と考え、ゆったりと活動をしています。そのため、心身ともに個の成長が著しい時期でもあるので、クラスごとではなく、個人の記録として、一人一人の成長の様子を丁寧に記したポートフォリオを、保育のツールとして用いています。

仁慈保幼園では、大人と子どもの違いは、経験したことの量の差だけだと考えています。0・1・2歳児は、より「経験の少ないヒト」たちです。まだ言葉が出なかったり、語彙《ごい》が少なかったりもするので、子どもたちが日々どんなことに気づき、心を動かしているのか、本当に求めているものは何かを、その表情や姿から、3・4・5歳児以上に丁寧に探っていく必要があると考えています。

下の図は、子どもの成長で必要になる経験を図示したものです。そこに、ポートフォリオやドキュメンテーションの観点を付記しています。ポートフォリオやドキュメンテーションは、いずれも、子どもの活動の過程や結果を写真や文章で記録し、可視化し、集積するツールなのです。

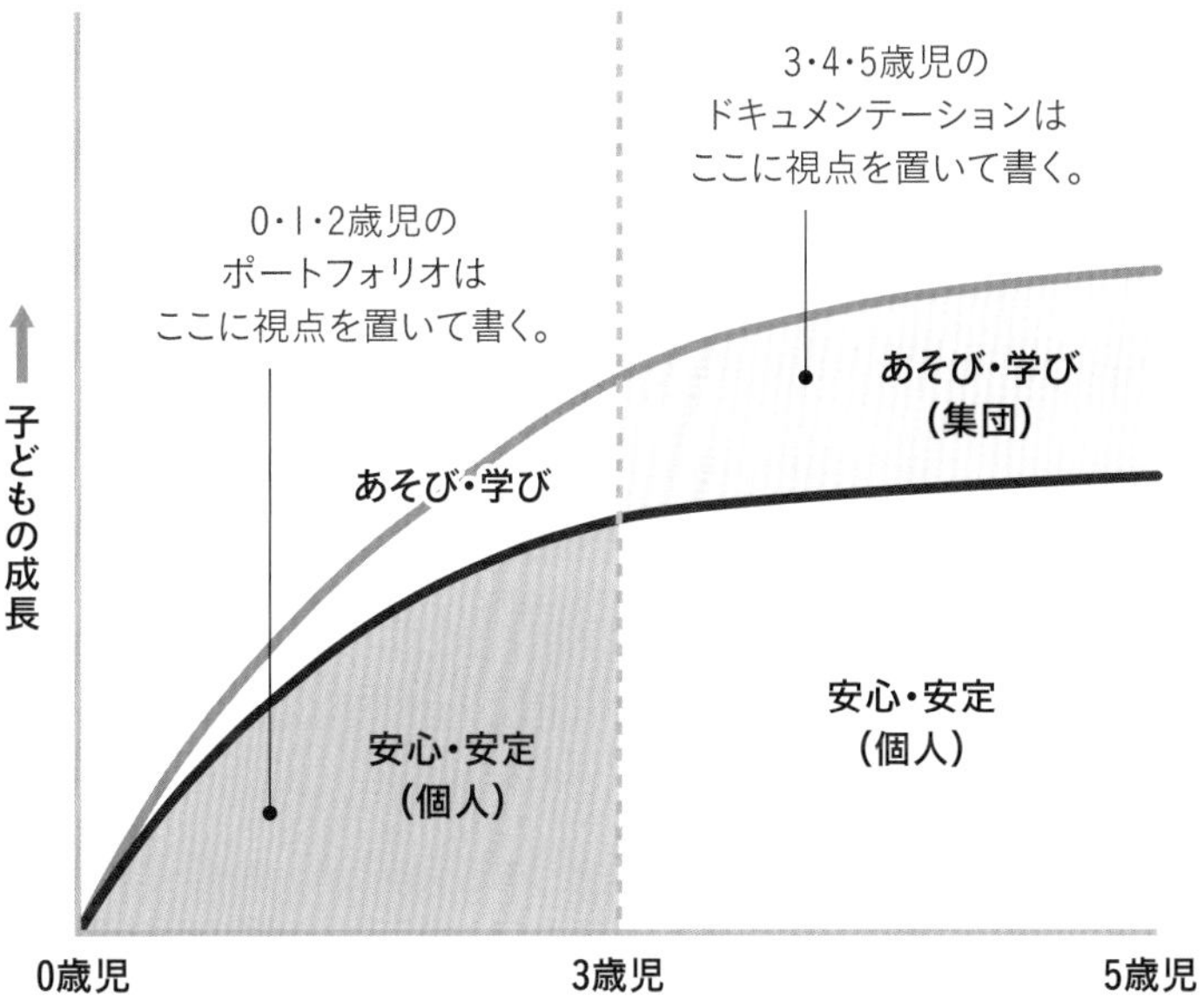
3・4・5歳児の
ドキュメンテーションは
ここに視点を置いて書く。
0・1・2歳児の
ポートフォリオは
ここに視点を置いて書く。
子どもの成長
あそび・学び
あそび・学び
(集団)
安心・安定
(個人)
安心・安定
(個人)
0歳児
3歳児
5歳児

その子の学びがわかるように

ポートフォリオでは子どもが「○○した」ということだけでなく、「先月は、○○だったけれど、今月は△△な姿が見られた」というように、一人一人の子どもの育ちを中心に作成することが大切です。獲得した経験がこれだけあったなど、その子の育ちの軌跡がわかるように記述していきます。

例えば、「0歳児のAちゃんが、あるときから壁や机をトントンたたくことに興味をもちました。そこで、保育者が野菜スタンプを用意すると、野菜スタンプのあそびがとても盛り上がり、それが野菜の生長に興味を広げるきっかけになりました」というように、育ちを流れでとらえます。

このように、子どもが何に興味をもっているのか、夢中になっているのかといった観点で見ていくと、その子の学びが見えてきます。そして、子どもの学びに着目してポートフォリオを書こうとすると、おのずと毎月の保育を振り返ることになり、次の保育で意識してかかわるポイントを見つけることにもなるのです。

全員分のポートフォリオを掲示

作成したポートフォリオは、全員分をクラス前の廊下や保育室に掲示しています。そうすることで、保護者は我が子だけでなく、同じクラスの子どもたちが今何に興味をもっているのか、どのように成長してきているのかを知ることができます。そして、「Aちゃんに刺激を受けているんだな」「Bちゃんと仲がいいんだな」などと、子ども同士の関係性や興味のあることなどが多面的に伝わります。保護者には、入園説明会などで、我が子とほかの子どもを比較するのではなく、ともに成長を喜び合ってほしいとお願いしています。

家庭とポートフォリオを共有

ポートフォリオは、園に掲示するだけでなく、家庭にもその子のものを一部渡して保管してもらうようにしています。そうすることで、毎月の我が子の成長を園と共有しやすくなり、さらに、園で子どもをどのような視点から援助しているかなど、園の保育観も伝わりやすくなります。特に、0・1・2歳児の保護者の中には、「はじめての子育てで、どうかかわっていけばよいかわからない」という保護者もいるので、園での援助の手立てを伝えられます。子ども観を共有するのにも、とても役立っています。

また、保護者はポートフォリオから子どもの興味・関心をより深く知ることができます。ドキュメンテーションと同様に、休日など家庭での時間も、子どもの興味・関心に添った過ごし方をすることが多くなるようです。これによって、連絡帳での情報交換とは別に、子どもの学びや生活の流れを、総合的に伝えることができています。

園での子どもの情報がポートフォリオを通して家庭に届くことで、園と家庭での子どもの生活やあそびがつながっていき、生活やあそびが深まったり広がったりしていきます。

Sくん
（2歳７ヶ月）2022.11.30

「山盛り！」を作ることにこだわっています！

継続する遊びから新たな遊び

先月のポートフォリオで、銀の鍋を使ったご飯作りの姿をお伝えしました。あれから１ヶ月ほど経ちますが、毎日のようにご飯作りを楽しんでいます。"食材に見立てる自然物を探して入れる"遊びから、最近では様々な動作・表現が加わっています。

①葉の表現
何度もご飯作りをしてきた中で葉を使った表現が増えています。様々な大きさにちぎったり、指先で擦り潰したり、長い葉を丸めて「お寿司」を作ったりしています。園庭に落ちている葉は毎日同じものですが、くんがイメージするものによって形を変えることが面白いなと思います。

①長い枝を…
ある日、先が二つに分かれた枝を見つけると、手の届かない高さにある紫陽花の葉をその枝を使って挟みます。何をしているのか尋ねると「トング！」と教えてくれました。自然物を集めてご飯を作るだけでなく、普段目にする食具も自然物を使って再現していました。

くんのご飯シリーズ

さらに…

園庭で落ち葉のご飯作りをする姿から、部屋でも楽しめるようにと落ち葉と紙皿を準備しました。くんは、紙皿の上に葉をたくさん乗せていきます。隣で保育士も葉を並べていたのですが、突然ハッと気づいたくん。「連結！連結したい！」と二つの紙皿をくっつけます。電車に見立てていたようで、ご飯作りから電車へと遊びが変化しました。遊びのアイテムを一つ変えることで新たな遊びが生まれるくんの発想が面白いなと思いました。

作成者：

2歳児のポートフォリオ。

ポートフォリオを作ってみよう

ポートフォリオは、具体的にどういうことに気をつけて作成すればよいのでしょうか。特に気をつけたいことをご紹介します。

作成は計画的に

ポートフォリオは、月に一度の作成ですが、まとめて作成しようとすると時間がかかるので、勤務中に少しずつ時間を見つけて書いていくのが理想です。日々の育ちのポイントを簡単にメモしておき、写真をパソコンのポートフォリオ用のフォルダーに入れておきます。そして、最終的にその子の育ちがよくわかるトピックから構成を考えるようにしています。

例えば、保育者とモノのやり取りをした1歳児のCちゃんが、そこから友達とのやり取りにも興味をもち、周囲の子どもを巻き込んだおままごとに発展していったことがありました。その子の育ちがよくわかるトピックとして着目し、ポートフォリオにはその流れを書いていきます。日々の育ちを書き留めておくことで、着目したいトピックが明確になります。

表現はポジティブに

ポートフォリオは、その子の保護者だけでなく、クラスのほかの保護者も見るので、ポジティブな表現を心がけることが大切です。例えば、「子どもがものを投げて乱暴」ではなく、「投げることに興味があるようなので、園庭でボール投げに挑戦しました」

というように、とらえ方もポジティブに変わっていくことにつながります。

一人の子どもを多面的にとらえる

仁慈保幼園の0・1・2歳児クラスでは、緩やかな育児担当制で保育を行っているので、ポートフォリオは、担当している子どもの分を作成します。ここで大切なのは、担当だからといって、一人で作成しなければいけないと悩まないこと。ほかの担任とも、作成前に話し合う時間をもち、「こんな姿もあったよ」などと、自分だけでは気づかなかった側面が見えるよう対話を重ねます。複数担任で相談しながら書く内容を決めていくことで、その子の像が立体的に浮かび上がってきます。

ポートフォリオは担任間で回覧して

作成後には、担任間でポートフォリオを回覧し、コメントを書き込んでもらいます。コメントを交わし合うことで、ほかの保育者の言葉にはっと気づかされたり、「こういう見方はいいね」「よく気がついたね」などの肯定的な意見にモチベーションが上がったりします。園長や主任にも読んでもらい、さらに対話を重ねます。そうすることで、自分の考えを整理することができますし、他者の意見を聞いて、より多角的な視野をもって、客観的に子どもの姿を描くことができます。その結果、次の保育では「環境をこうしてみよう」「こう接してみよう」という、保育の視点も明確になっていきます。

ポートフォリオを作ることだけではなく、その前後に対話して省察することが、ドキュメンテーション同様、何よりも大切です。

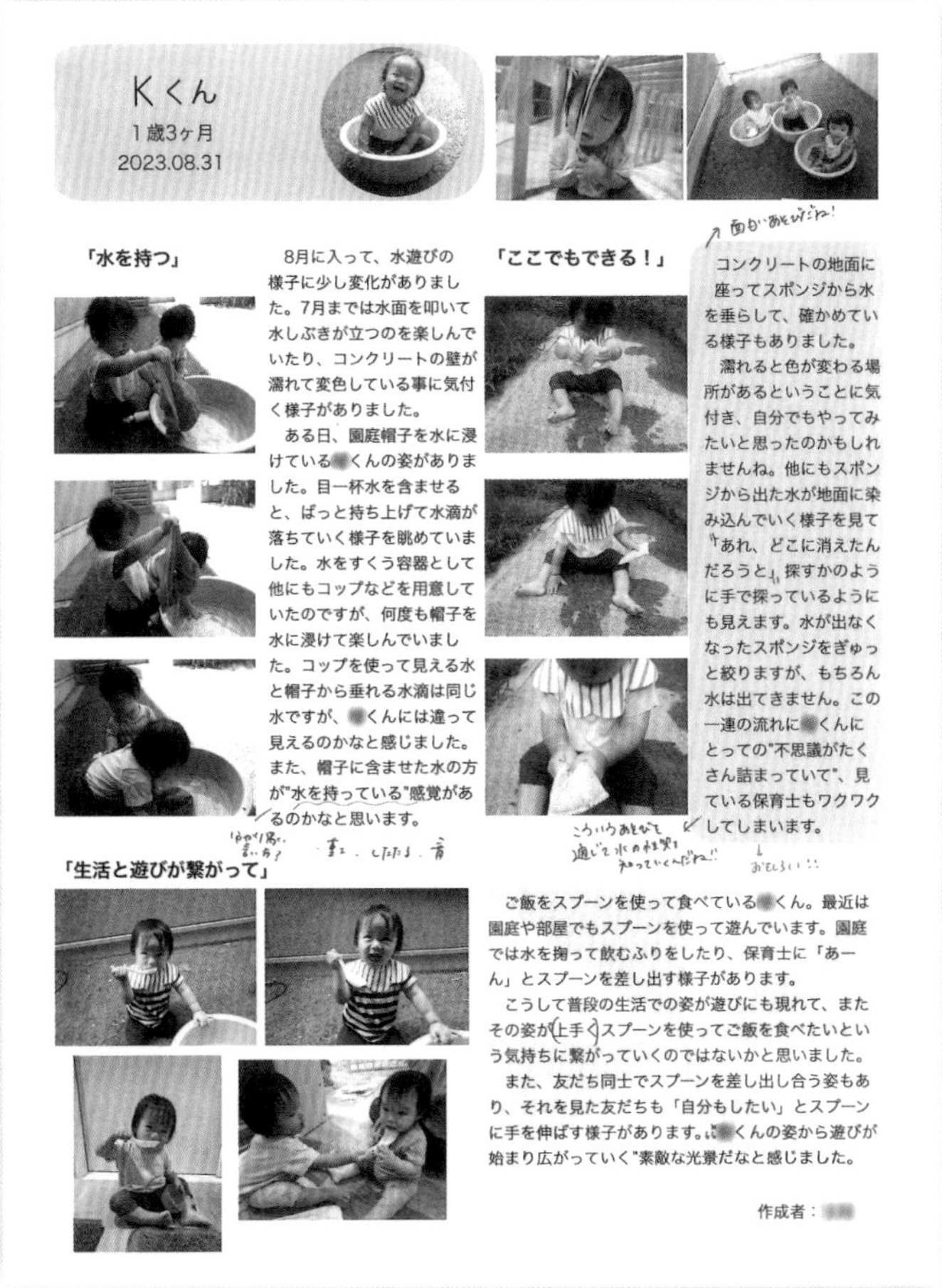

Kくん
1歳3ヶ月
2023.08.31

「水を持つ」

8月に入って、水遊びの様子に少し変化がありました。7月までは水面を叩いて水しぶきが立つのを楽しんでいたり、コンクリートの壁が濡れて変色している事に気付く様子がありました。

ある日、園庭帽子を水に浸けている[illegible]くんの姿がありました。目一杯水を含ませると、ぱっと持ち上げて水滴が落ちていく様子を眺めていました。水をすくう容器として他にもコップなどを用意していたのですが、何度も帽子を水に浸けて楽しんでいました。コップを使って見える水と帽子から垂れる水滴は同じ水ですが、[illegible]くんには違って見えるのかなと感じました。また、帽子に含ませた水の方が"水を持っている"感覚があるのかなと思います。

「ここでもできる！」

コンクリートの地面に座ってスポンジから水を垂らして、確かめている様子もありました。

濡れると色が変わる場所があるということに気付き、自分でもやってみたいと思ったのかもしれませんね。他にもスポンジから出た水が地面に染み込んでいく様子を見て"あれ、どこに消えたんだろうと"、探すかのように手で探っているようにも見えます。水が出なくなったスポンジをぎゅっと絞りますが、もちろん水は出てきません。この一連の流れに[illegible]くんにとっての"不思議がたくさん詰まっていて"、見ている保育士もワクワクしてしまいます。

「生活と遊びが繋がって」

ご飯をスプーンを使って食べている[illegible]くん。最近は園庭や部屋でもスプーンを使って遊んでいます。園庭では水を掬って飲むふりをしたり、保育士に「あーん」とスプーンを差し出す様子があります。

こうして普段の生活での姿が遊びにも現れて、またその姿が上手くスプーンを使ってご飯を食べたいという気持ちに繋がっていくのではないかと思いました。

また、友だち同士でスプーンを差し出し合う姿もあり、それを見た友だちも「自分もしたい」とスプーンに手を伸ばす様子があります。[illegible]くんの姿から遊びが始まり広がっていく"素敵な光景だなと感じました。

作成者：[illegible]

「気づきがおもしろい」「言い方を工夫するとよいかも」などのコメントが寄せられている。

ポートフォリオの実際

仁慈保幼園では、どのようなポートフォリオが作成されているのでしょうか。具体例を見ていきましょう。

月齢と日付は必ず入れる。

子どもの姿を丁寧に記述しながら、保育者の考察もプラス。

「まだ、立てない」ではなく、立とうと挑戦している姿をとらえ、ポジティブに記述。

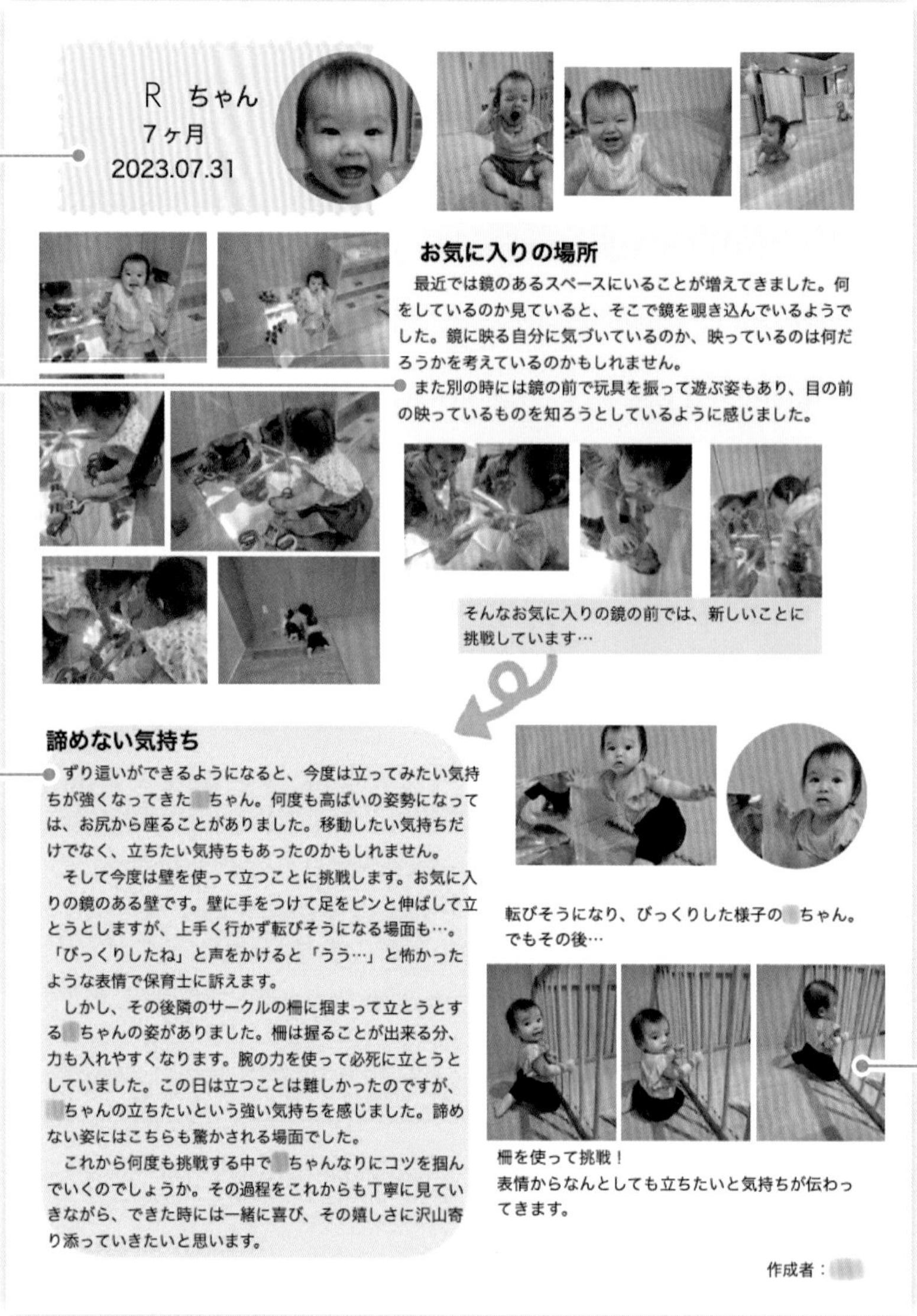

R　ちゃん
7ヶ月
2023.07.31

お気に入りの場所

最近では鏡のあるスペースにいることが増えてきました。何をしているのか見ていると、そこで鏡を覗き込んでいるようでした。鏡に映る自分に気づいているのか、映っているのは何だろうかを考えているのかもしれません。

また別の時には鏡の前で玩具を振って遊ぶ姿もあり、目の前の映っているものを知ろうとしているように感じました。

そんなお気に入りの鏡の前では、新しいことに挑戦しています…

諦めない気持ち

ずり這いができるようになると、今度は立ってみたい気持ちが強くなってきたちゃん。何度も高ばいの姿勢になっては、お尻から座ることがありました。移動したい気持ちだけでなく、立ちたい気持ちもあったのかもしれません。

そして今度は壁を使って立つことに挑戦します。お気に入りの鏡のある壁です。壁に手をつけて足をピンと伸ばして立とうとしますが、上手く行かず転びそうになる場面も…。「びっくりしたね」と声をかけると「うう…」と怖かったような表情で保育士に訴えます。

しかし、その後隣のサークルの柵に掴まって立とうとするちゃんの姿がありました。柵は握ることが出来る分、力も入れやすくなります。腕の力を使って必死に立とうとしていました。この日は立つことは難しかったのですが、ちゃんの立ちたいという強い気持ちを感じました。諦めない姿にはこちらも驚かされる場面でした。

これから何度も挑戦する中でちゃんなりにコツを掴んでいくのでしょうか。その過程をこれからも丁寧に見ていきながら、できた時には一緒に喜び、その嬉しさに沢山寄り添っていきたいと思います。

転びそうになり、びっくりした様子のちゃん。
でもその後…

柵を使って挑戦！
表情からなんとしても立ちたいと気持ちが伝わってきます。

作成者：

子どもの様子を連続写真で。

具体的な作成の流れ

実際にポートフォリオを作成していくときは、次のような流れで行っていきます。

1

一か月の中で、自分の担当している子どもたちのトピックを、簡単な文章と写真でまとめておく。

2

作成前にほかの担任と、それぞれの子どもの姿について対話をする。「こんな姿もあった」というエピソードや、「こんな見方もあるのでは」などの意見を交わすことで、何を書けばよいのかがより明確になる。

3

パソコンを使用して、ポートフォリオを作成する。

4

作成したポートフォリオは、担任間で回覧して互いにコメントを記入。コメントを検討して、文章の微調整をする。

5

園長・主任に確認してもらい、対話をしながら振り返る。今後の保育の展開を予測し、次月の保育につなげる。

6

廊下などに掲示し、保護者や他クラスの職員と共有する。

7

掲示が終わったら、子どもごとのファイルにとじて、保育室に置いておき、保護者がいつでも見られるようにする。

保護者が作成するポートフォリオ

0・1・2歳児クラスでは、3か月に一度、家庭でもポートフォリオを作成してもらっています。家庭でのポートフォリオ作成は、保護者の負担にならないように、可能な範囲でお願いしていますが、ほとんどの家庭が作ってくれています。家庭でもポートフォリオを作成してもらうことには、どんなメリットがあるのでしょうか。

子ども理解が深まる

園と家庭とでは、子どもが違う姿を見せることがあります。保護者が作成するポートフォリオを通して家庭での子どもの姿が見えることで、保育者のその子どもに対する理解が深まります。

また、保護者がポートフォリオを自分でも書いてみることで、子どもをよりよく見ようという意識が高まるようです。自然と園からのポートフォリオに対する保護者の関心も強まります。

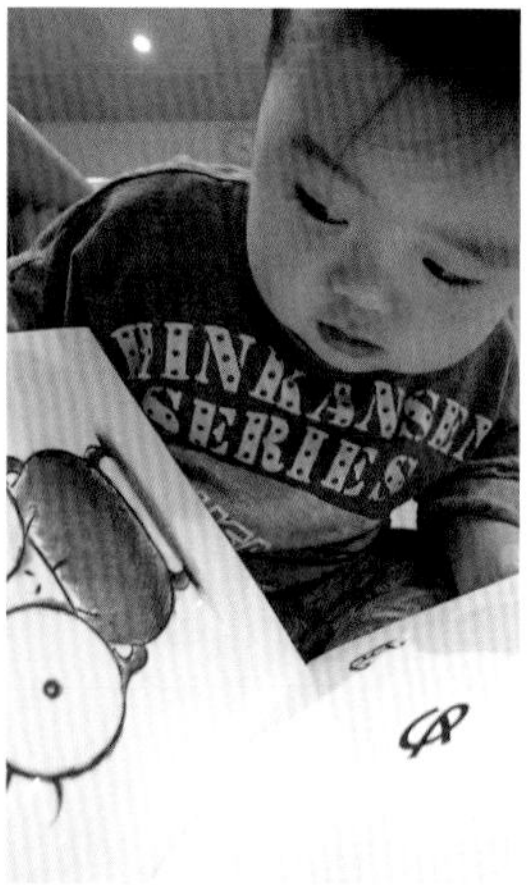

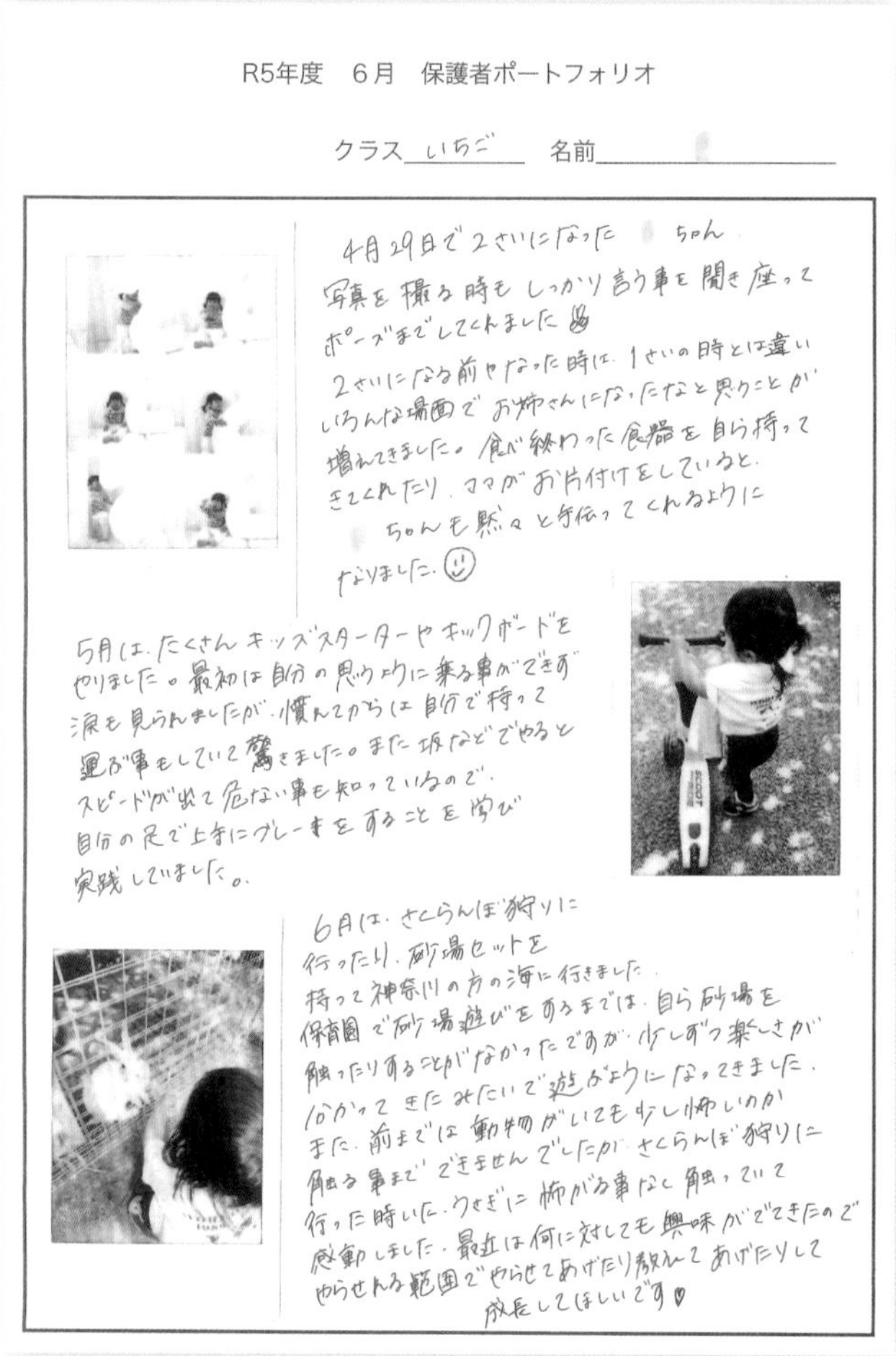

R5年度　6月　保護者ポートフォリオ

クラス いちご　名前

4月29日で2さいになった　ちゃん
写真を撮る時もしっかり言う事を聞き座って
ポーズまでしてくれました
2さいになる前やなった時は、1さいの時とは違い
いろんな場面でお姉さんになったなと思うことが
増えてきました。食が終わった食器を自ら持って
きてくれたり、ママがお片付けをしていると、
ちゃんも黙々と手伝ってくれるように
なりました。

5月は、たくさんキッズスターターやキックボードを
やりました。最初は自分の思うように乗る事ができず
涙も見られましたが、慣れてからは自分で持って
運ぶ事もしていて驚きました。また坂などでやると
スピードが出て危ない事も知っているので、
自分の足で上手にブレーキをすることを学び
実践していました。

6月は、さくらんぼ狩りに
行ったり、砂場セットを
持って神奈川の方の海に行きました。
保育園で砂場遊びをするまでは、自ら砂場を
触ったりすることがなかったですが、少しずつ楽しさが
分かってきたみたいで遊ぶようになってきました。
また、前までは動物がいても少し怖いのか
触る事までできませんでしたが、さくらんぼ狩りに
行った時いた、うさぎに怖がる事なく触っていて
感動しました。最近は何に対しても興味がでてきたので
やらせれる範囲でやらせてあげたり教えてあげたりして
成長してほしいです

保護者が作成したポートフォリオ。手書きで写真をはって。子どもが興味をもったこと、成長を感じた場面などが記され、子ども理解が深まる。

保護者と保育者の対話が生まれる

保護者のポートフォリオは、ほかの保護者には非公開にしています。そのため、子育てに対する悩みや相談ごとなどを書く保護者もいます。保護者の子どもに対する思いや悩みなどもわかり、子育てや今の子ども の姿について、保育者との対話が生まれます。そこから、保護者との会話がはずんだり、保育の課題解決の糸口が見つかったりすることもあります。

ポートフォリオをパソコンで作成する保護者も。家庭での出来事や楽しんだことなどが書かれている。子どもの興味・関心がどこにあるのかがわかりやすくまとめられている。

こどもの一歩

1st step

06.2023

Writer:Papa/Designer:Mama

2歳の誕生日、今年もBIG SMILEの！5月7日は、一緒の誕生日。この1年で歯が生えて、行動範囲が広がり言葉も増えました。成長スピードが、まさに新幹線！好きな食べものもわかりやすくなり、ちょっと硬いお肉もバクバク食べるし、餃子を両手に持って交互に小さな口に放り込む。なぜかトマトがお気に入りで、ママとパパの分までお構いなしにペロリ。（パパは子どもころ苦手だった…）よく食べて、そしてよく走るようにもなりました。

保育園のお友だちを見つけると駆け出したり、鳥や蝶々を追いかけましたり。走る速さもアップして捕まえるのも一苦労。それでも笑顔で駆け出す姿にいつも癒されています。

自我が目覚めてきて、自分の嫌なこと、やってほしいことなど自己主張がわかりやすくなりました。覚えることも言葉も増えてだんだん言葉のキャッチボールが成立するまでに！？前までは何だかわからなかったお唄も題名がわかるくらい聴きとれるくらいに上手です。（十八番はきらきらぼし！）

好奇心も爆発中！やりたいことができなくて大泣きすることもあるけれど、できるだけ好きなことをやらせてあげれるよう、　Iの一歩一歩に向き合っていきたいです。

2さいの誕生日おめでとう

いっぱい食べる〜！

ハッピバースデーチューユー！

きらきら〜！

誕生日プレゼントはこちら！

ひらがな積み木

積み上げたり、イラストを見て名前を当てたりと　なりに遊び方を模索中！ムカデとケムシが描いてある積み木がちょっと苦手みたい。
お片付けにも彼なりのこだわりがあり、1枚1枚吟味しながら最後までやってくれてお利口さんです。

サファリパークに行こう！

ネズミさん
見つけた！

サファリバスと、にこ〜！

いつもテレビやYouTubeで楽しそうに動物を見ているので、実物を見に行こうと富士サファリパークに行きました！ライオンバスに乗って、50cm先のクマやライオンに大興奮！網の隙間からエサをあげたり、キリンやシマウマ、サイなど大きな動物にも会えて満足げな一緒。カピバラやモルモットなど小さな動物に直接触れ合うなど、彼にとっていい刺激になりました！たくさんはしゃいだのもあり、帰りのバスではぐっすり。夢の中でも動物たちと遊んでいたのかもしれません。

これが、おたくふく?!

耳下腺が腫れ始めた初日。
まるでこぶとりじいさん！

少し良くなったかも…？

この頃にはもう元気！

左の耳の下が腫れているのにふと気づいた。はじめは耳下腺がちょっと腫れちゃったかな？程度に思っていたけど、熱も出たので耳鼻科や小児科へ。細菌が入ったのではと診察をされるが、みるみるうちに大きくなる。。。心配になり、3つ目の病院で血液検査を決行！細菌の数値が高くやはりそうかと思ったが、おたふくの検査でも数値が高い！？結局、最終的には細菌が入ったのとおたくふと両方だと！？まだ、本当におたふくだったのか不信感はあるけど、無事元気に戻ってよかったよかった。（保育園を1週間半お休みは、大変だったなぁ…。）

お気に入り絵本

まるまるまるの本

黄色いまるを擦ると…次のページでは赤色に変身！ふうっと吹くとまるが全部飛んで行っちゃう！
絵本と遊ぶ事ができるこの本を赤ちゃんのころから読んであげていましたが、最近は自分でページをめくるようになりました。トントントン…うわ〜！と声をあげて本とお友達のように一緒に盛り上がっています。

保育をかくということ

仁慈保幼園では、ドキュメンテーションやポートフォリオなどの記録をもとに、子どもの姿を可視化するために「保育ウェブ」を作成しています。「保育ウェブ」とは、どういったものなのでしょうか。

保育ウェブとは？

各クラスの担任は、月に1回、クラスごとに保育ウェブ作成会議を開いています。

保育ウェブは、子どもの姿を可視化し、半歩先の姿や保育を予測するためのツールです。ドキュメンテーションやポートフォリオなどの記録から、子どもの興味・関心を探り、そこから今子どもたちの間で盛り上がっている活動をトピックとしていくつか拾い上げ、そのトピックを核とします。

そのトピックから予測される次の活動は1つではないので、予測されることをクモの巣状（ウェブ）に記していき、図式化していくのが保育ウェブです。

例えば、核であるトピックが「水あそび」なら、今の子どもたちの姿から、次は「色水あそびに発展しそう」「水鉄砲を使った的あてにあそびが広がっていきそう」などと、いろいろな予測が成り立ちます。それにしたがって、環境や素材などの準備を進めていきます。そうしておくことで、実際に子どもがその活動をしてみたいと思ったときに、すぐに活動を始められます。子どもは「やりたい！」と思ったときにその環境があることで、当初の高い意欲を持続したまま活動に入っていくことができるのです。

保育を可視化するツール

トピック、そこから広がっている今の活動、さらに広がっていくであろうと予測した活動を図としてかいてみると、自分の思考を整理する手段となります。

また、クラスで行われているあそび・活動のつながりを可視化することもできるので、より保育を客観視することができるかもしれません。例えば、屋外あそびのトピックである「水あそび」と、室内あそびのトピックである「ビー玉転がし」。一見、関係がなく見える2つのあそびが、保育ウェブをかくことで、実はつながっていたことがわかるなど、あそびのつながりが見えやすくなります。

また、予測をかき込んだ上で、保育ウェブで保育を俯瞰的に見ていくと、何が足りないのかも浮かび上がってきます。例えば、「虫捕り」をトピックとし、保育ウェブをかいたときに、今の活動が「図鑑で飼育の仕方を調べる」「虫かごを作る」であったとします。次の活動の予測として、「虫捕りに出かける」「さまざまな素材で虫かごを作る」などが挙がるかもしれません。そのときに、五領域や五感の観点から、もう一度、保育ウェブを見直してみます。すると、あそびから発展する「ヒトとのつながり」の視点

で何かないか考えてみよう」『音』に関する予測がないから、虫の声に興味がもてるよう、図鑑は虫の鳴き声がかかれているものを用意してみよう」「虫の声をCDで流してみよう」などと、新たな計画を立てることもできます。このように保育ウェブを作成することで、子どもの興味・関心をとらえながら、今の保育に足りない要素を見つけ出すことも可能になります。

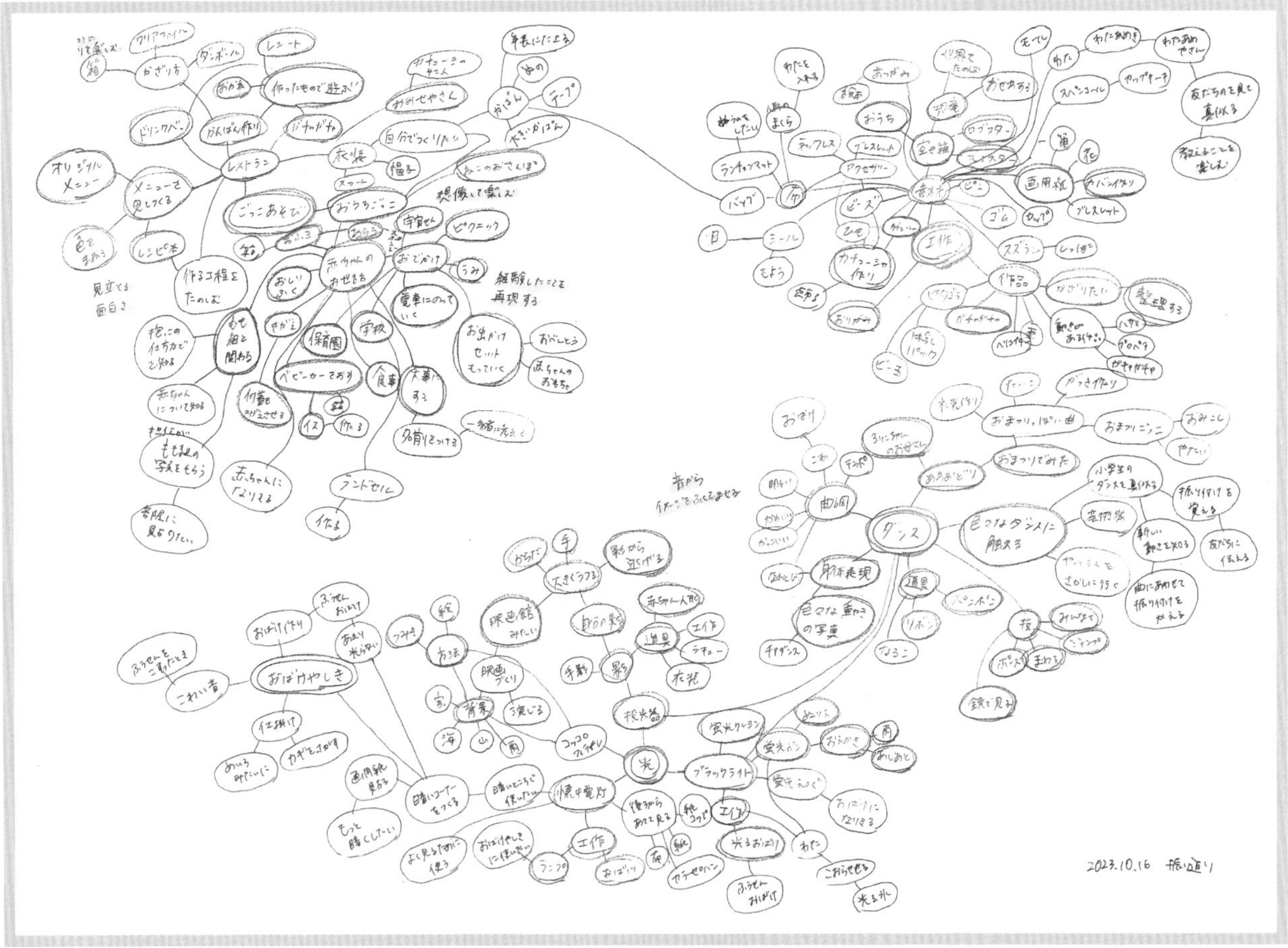

3･4･5歳児クラスの保育ウェブ。「ごっこあそび」「工作」「ダンス」「光」の4つのトピックを取り上げた（緑で囲まれたもの）。

イメージの共有を明確にするツール

保育ウェブは、対話するためのツールでもあります。保育ウェブを作成するときは、必ずクラスの保育者複数人で作業し、対話をしながら進めます。園長や主任が参加することもあります。

ドキュメンテーションやポートフォリオを通して、保育者同士は常に対話をしているので、それぞれがクラスで展開している活動を共有しています。しかし、それぞれの頭の中にあるイメージは、少しずつ違うかもしれません。そこで、活動を保育ウェブという目に見える形にすることで、より明確にイメージの共有化が図れます。これによって、さらに予測を立てたり、活動の展開を共有しやすくなります。

予測を立てるときは、一人で考えていると広がっていかないので、対話をしながら進めます。そうしていると、互いの話に触発されて、いろいろな予測が出てくるとともに、「こういう発想もあったか」などと、ほかの人の考え方や多様な経験にふれることもできます。例えば、水あそびから色水あそびを予測したとしても、一人の保育者は澄んだきれいな色水を子どもたちに経験させたいと、食紅を使った色水あそびを考えるかもしれません。でも、ほかの保育者は、自然物での染め物のおもしろさを知ってほしいと、玉ねぎの皮から作る色水を提案するかもしれません。対話しながら進めることで、さまざまな可能性が出てくるので、子どもたちの選択肢も広がります。

最終的に、作成した保育ウェブを園長や主任に見せて確認を取りますが、園長や主任は、またそれぞれの視点で意見を出します。そうやって、複数の人が目を通し、対話をすることで、より客観的にクラスの子どもたちの姿を俯瞰した保育ウェブが出来上がっていきます。

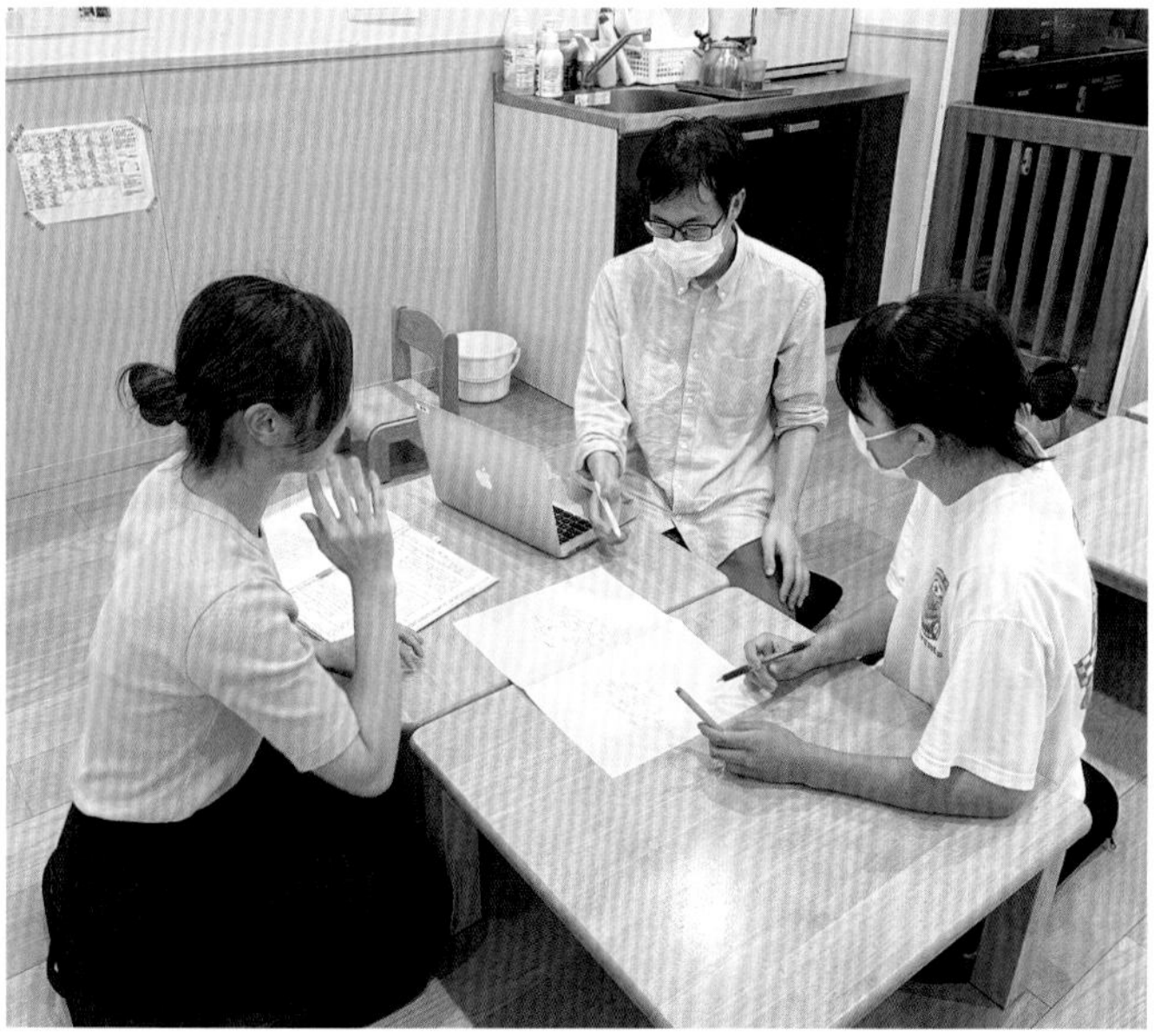

活動のつながりと広がりを意識して

各クラスで、毎月1回、夕方2時間くらいと時間を決めて、保育ウェブを作成する会議を設けています。

子どもの活動は日々つながっているので、会議も前月の続きから話し合います。そこに、新たに活動が盛り上がっているトピックを追加したり、活動が一段落ついてなくなるトピックもあります。新たに活動が盛り上がってきたトピックに関しては新しくかき進め、前月からさらに活動が広がっていきそうなトピックは、前月分を縮小コピーし、周りに余白を作ってかき足していくときもあります。保育ウェブは、毎月、A3用紙1枚くらいにまとめています。大型のスケッチブックなどを使っているクラスもあります。

会議は月ごとに完結するのではなく、子どもの活動と同じようにつながり、広がっていくよう、連続性をもって保育者同士が対話できることを大切にしています。

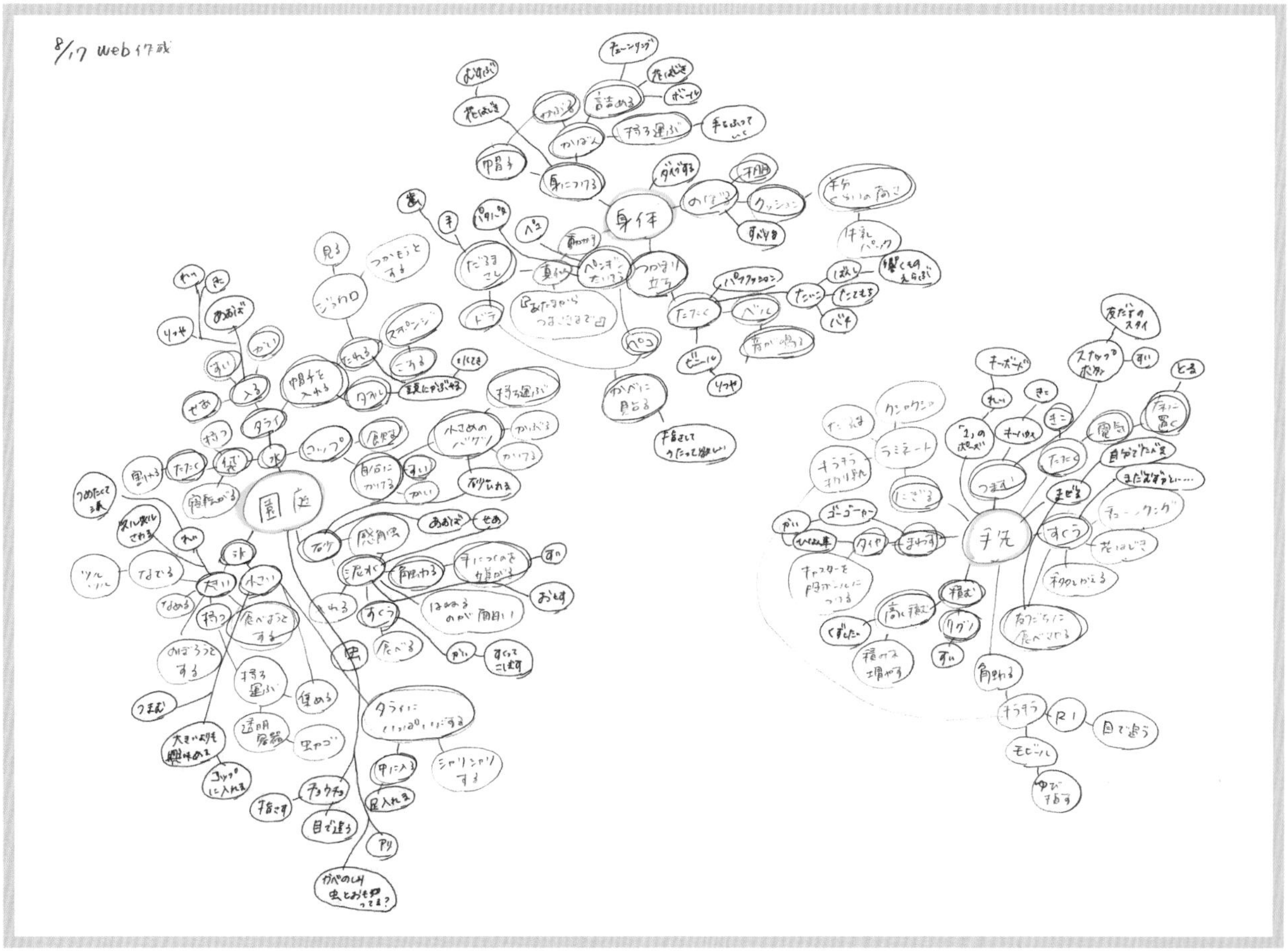

0歳児クラスの保育ウェブ。子どもの興味・関心からあそびの広がっている様子が読み取れる。

保育ウェブの実際と具体的な作成の流れ

保育ウェブは、どのように作成しているのでしょうか。3・4・5歳児クラスの一例を挙げながら、解説していきます。

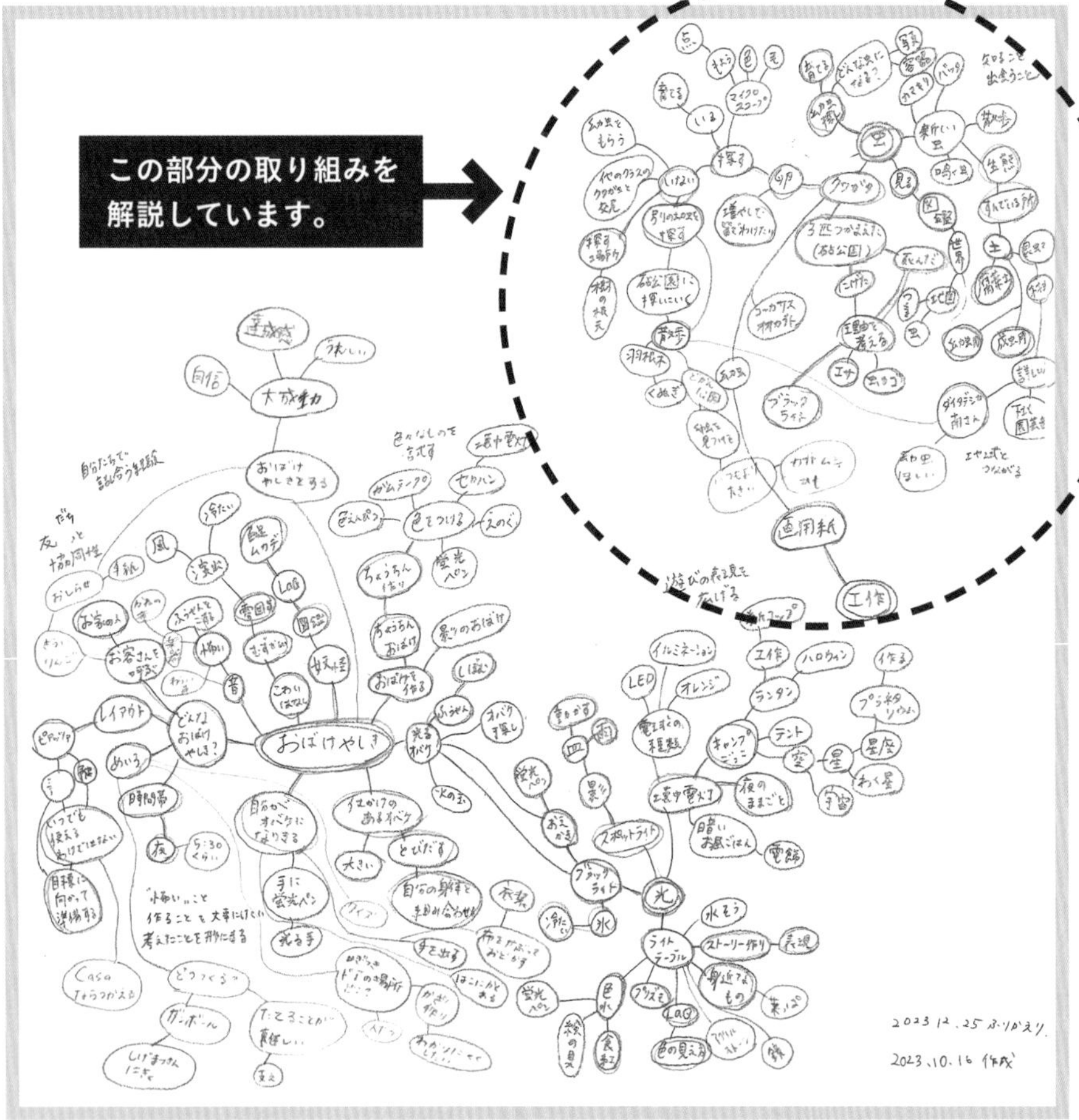

3・4・5歳児クラスの実際の保育ウェブ。

1 子どもの姿を話し合う

ドキュメンテーションやポートフォリオなどの日々の記録をもとに、クラス担任と主任とで、今の子どもの姿を話し合い、話し合いで出た姿を箇条書きにしていきます。

- 虫
- お化け
- 光
- ごっこあそび
- 作る、工作
- 積み木

2 子どもの姿を整理する

出てきた子どもの姿やあそび、活動をいくつかに分けるイメージで、3〜4つにグループ化していきます。ここでは、「お化け屋敷」「光」「虫」がトピックとして挙がりました。トピックは緑で囲みます。日付は忘れずに書いておきましょう（この後、「虫」を例にとって説明していきます）。

お化け屋敷

虫　光

3 今行われている活動を、かき込んでいく

❷で出たトピックを中心にして線を引き出し、そのトピックに関連した、今行われているあそびや活動を次々にかき込んでいきます（青の丸で囲んだ部分。実際は鉛筆でかく）。

虫
幼虫探し
卵
クワガタ
増やしてみんなで分けたい
3匹捕まえた（砧公園）
幼虫
コーカサスオオカブト
逃げた
死んだ
画用紙
工作

4 予測をかき込んでいく

「今行われているあそびや活動」をかき込んだ後は、それに関連した「これから出てきそうなあそびや活動」を予測してかき足していきます（鉛筆でかき足す）。

※吹き出しは保育者間で交わされた会話。

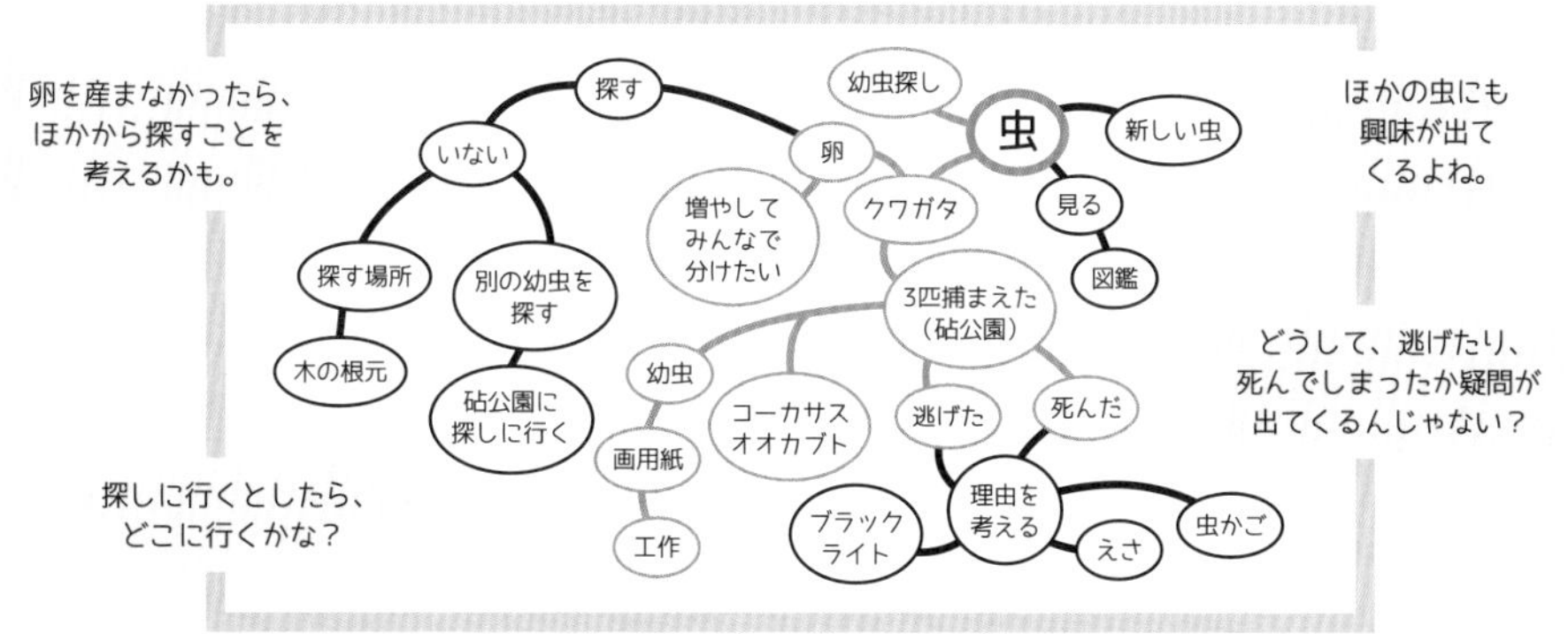
卵を産まなかったら、ほかから探すことを考えるかも。
ほかの虫にも興味が出てくるよね。
どうして、逃げたり、死んでしまったか疑問が出てくるんじゃない？
探しに行くとしたら、どこに行くかな？
虫
幼虫探し
新しい虫
見る
図鑑
卵
探す
いない
探す場所
木の根元
別の幼虫を探す
砧公園に探しに行く
クワガタ
増やしてみんなで分けたい
3匹捕まえた（砧公園）
幼虫
画用紙
工作
コーカサスオオカブト
逃げた
死んだ
理由を考える
ブラックライト
えさ
虫かご

5 予測を繰り返し、保育ウェブを広げていく

予測を繰り返し、保育ウェブを広げていきます。予測で出てきた活動からも線を引き出し、予測をかき足していきます（鉛筆でかき込む）。予測はなるべく一つだけにせず、複数かくようにします。その後、保育者の願い（保育のねらい）をかき込みます（黄色マーカー部分）。

6 今後の保育で必要なことを書き留める

保育ウェブをかき終わったら、環境構成やそれに伴う素材や道具、玩具、書籍などの「モノ」の配置、子どもたちの動線、子どもに対する保育者の向き合い方などを話し合い、記録しておきます。

- マイクロスコープ
- 世界の虫が載っている図鑑
- 地域の園芸部、商店街のM さんに連絡
- 砧公園に下見
- ほかのクラスで飼っている幼虫について、聞いてみる

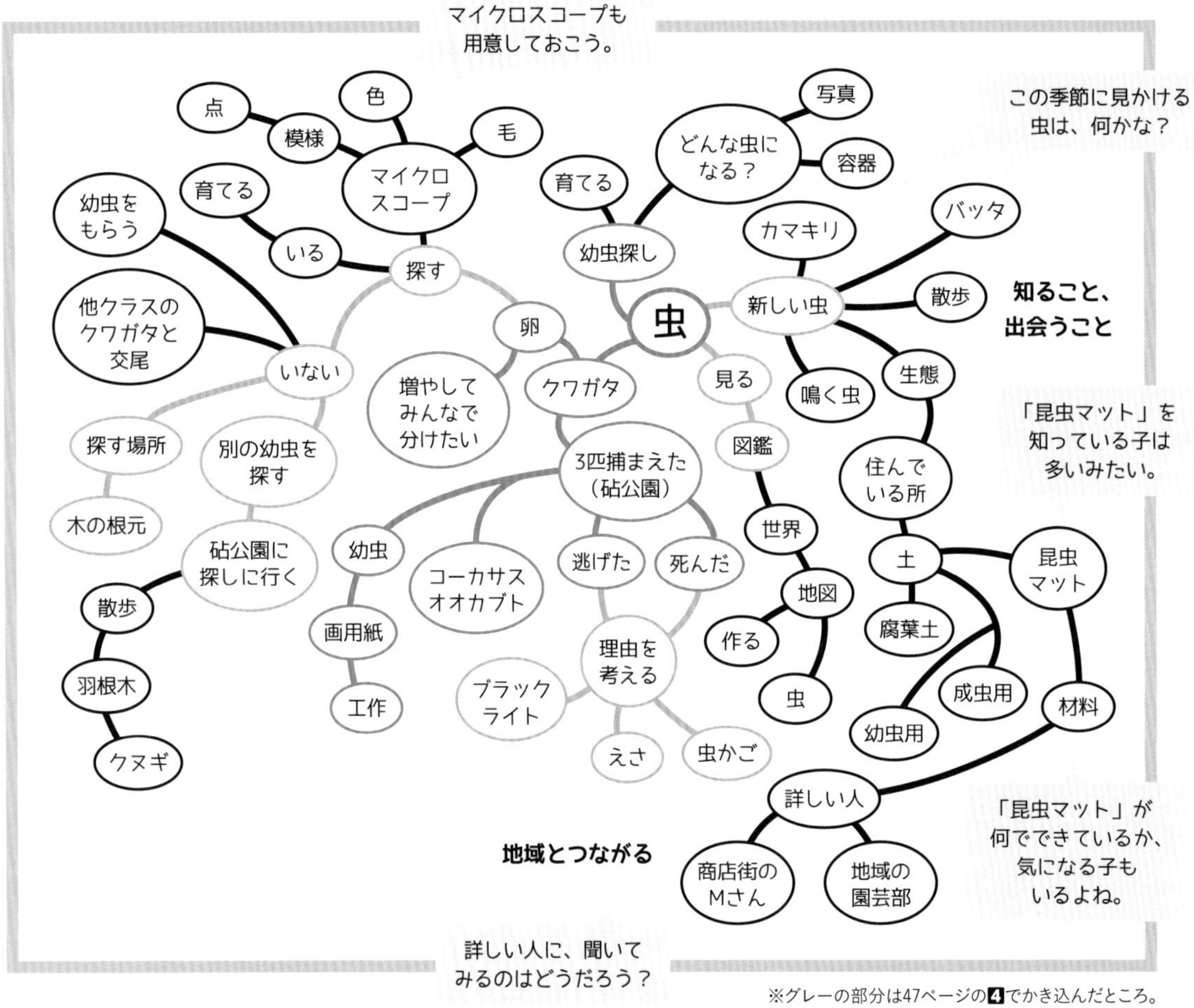
マイクロスコープも用意しておこう。
この季節に見かける虫は、何かな？
知ること、出会うこと
「昆虫マット」を知っている子は多いみたい。
「昆虫マット」が何でできているか、気になる子もいるよね。
地域とつながる
詳しい人に、聞いてみるのはどうだろう？
虫
点
模様
色
毛
マイクロスコープ
育てる
いる
探す
幼虫をもらう
他クラスのクワガタと交尾
いない
探す場所
木の根元
別の幼虫を探す
砧公園に探しに行く
散歩
羽根木
クヌギ
卵
増やしてみんなで分けたい
クワガタ
3匹捕まえた（砧公園）
幼虫
画用紙
工作
コーカサスオオカブト
逃げた
死んだ
理由を考える
ブラックライト
えさ
虫かご
育てる
幼虫探し
どんな虫になる？
写真
容器
カマキリ
バッタ
新しい虫
散歩
鳴く虫
生態
住んでいる所
土
腐葉土
昆虫マット
成虫用
幼虫用
材料
見る
図鑑
世界
地図
作る
虫
詳しい人
商店街のMさん
地域の園芸部

※グレーの部分は47ページの4でかき込んだところ。

7 保育ウェブは保育室内に掲示し、その都度、かき込む

保育ウェブは保育室内に掲示し、その時点で気がついた予測（鉛筆で記入）や、保育者が予測しなかった活動を子どもたちが考えて実践したこと（赤ペンで記入）などを、その都度かき足していきます。保育者の予測が実現したときは、青ペンで囲んでおきます。

8 次回の会議につなげる

次回の会議では、今回の会議で作成した保育ウェブを見直し、保育者の予測どおりだったら青ペンで囲み、予測外だったこと、保育の内容などについて振り返ります。毎月1～8を繰り返し、保育を積み上げていきます。

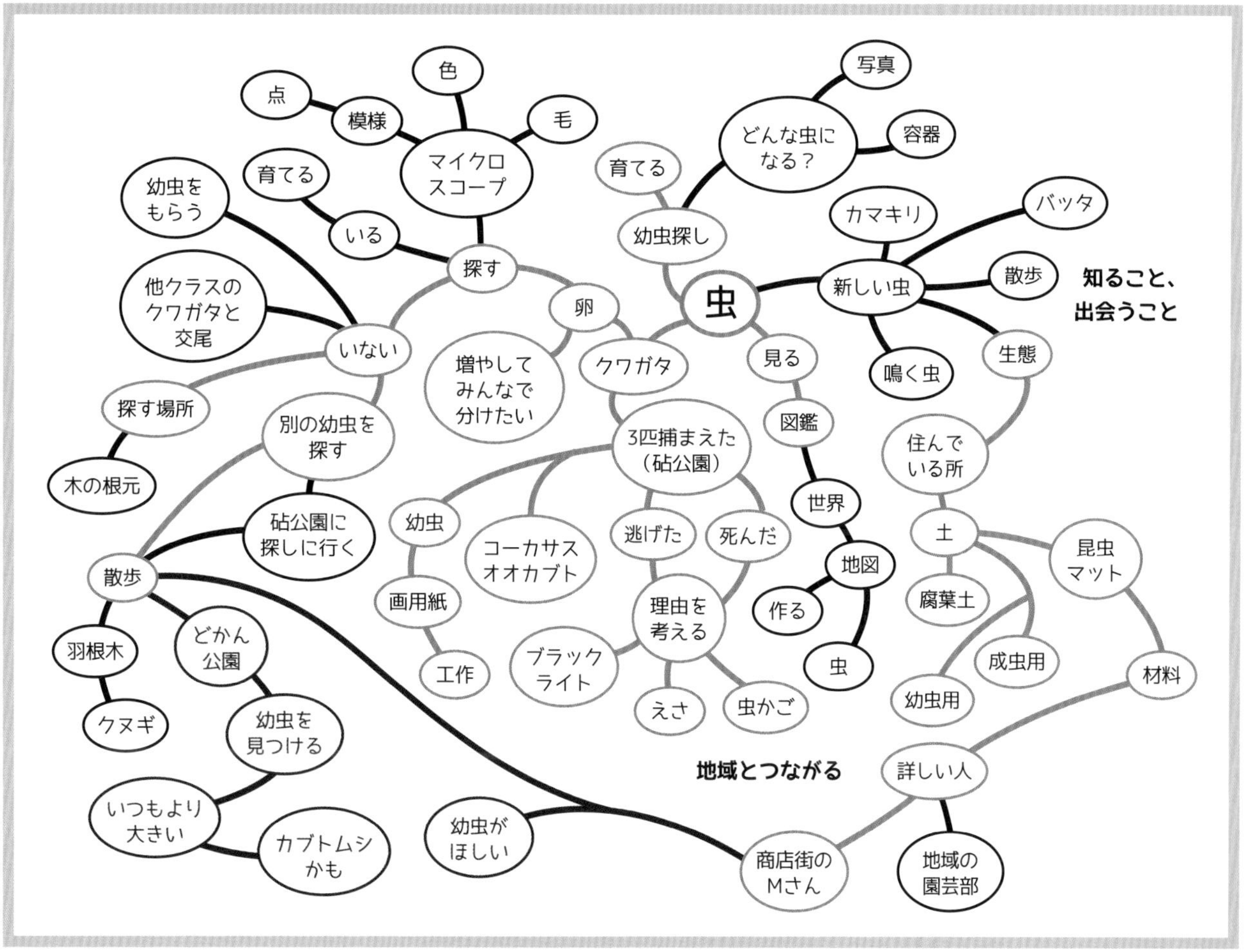

さまざまに応用できる保育ウェブ

保育ウェブは、あそびや活動の広がりを予測するだけでなく、いろいろな事象を可視化するのに役立ちます。活動やあそびを予測する以外に、どんな使い方があるのでしょうか。

生活をトピックにした保育ウェブ

より安心・安定した生活を大切にしたい0・1・2歳児クラスの場合、生活だけに焦点を当てて保育ウェブをかいてみることがあります。そうすることで、一人一人の子どもに対してどのような支援をしていけばよいのかが明確になっていきます。

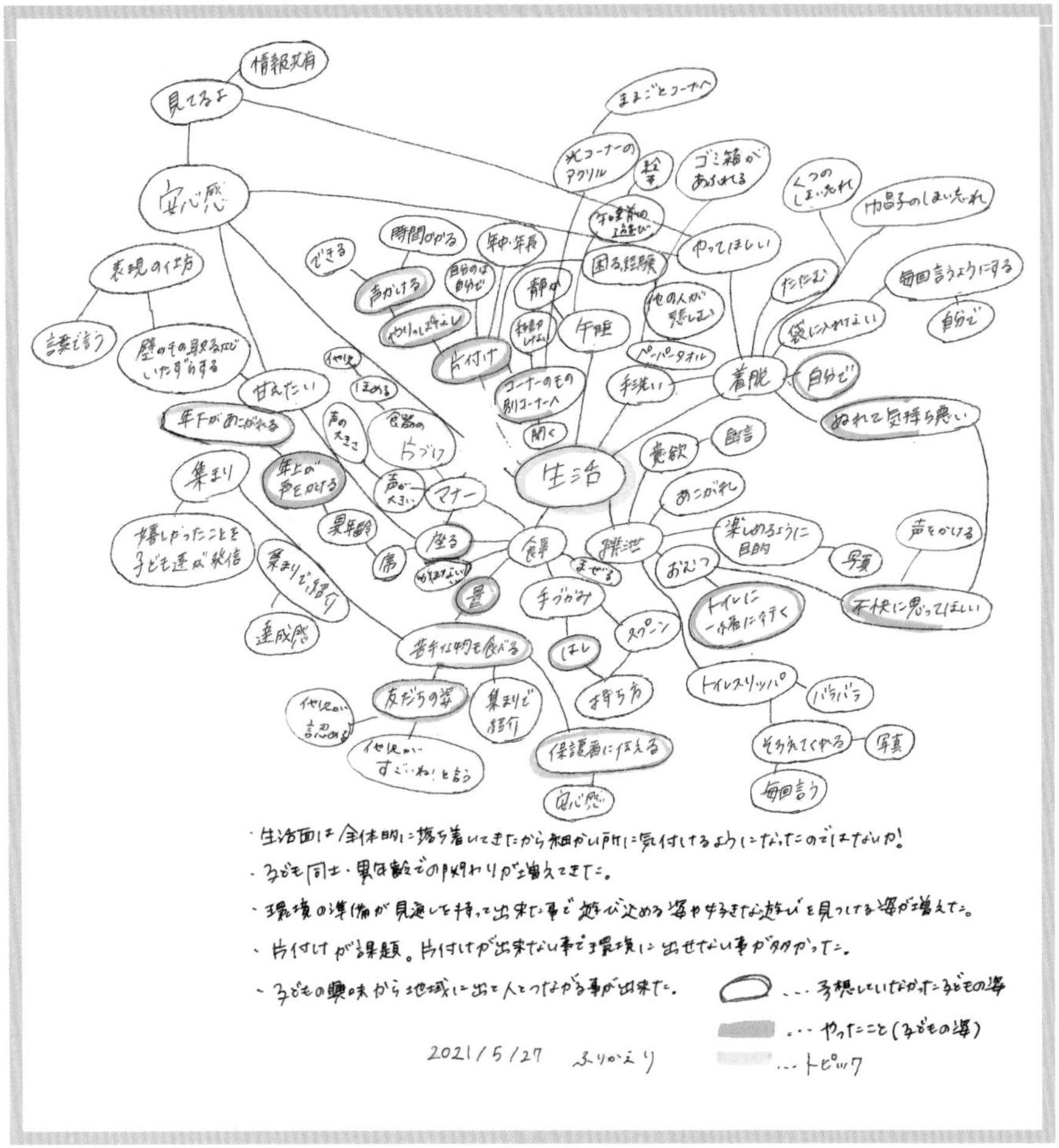

子どもの人間関係を保育ウェブに

子どものことをより深く知るために、一人の子どもの人間関係を保育ウェブにすることがあります。人間関係の保育ウェブを作成してみると、クラスの子どもだけでなく、ほかのクラスの子どもや保護者の中でも誰との関係が深いかなどが見えてきます。そうすることで、その子どもの興味・関心や、心情がわかりやすくなります。

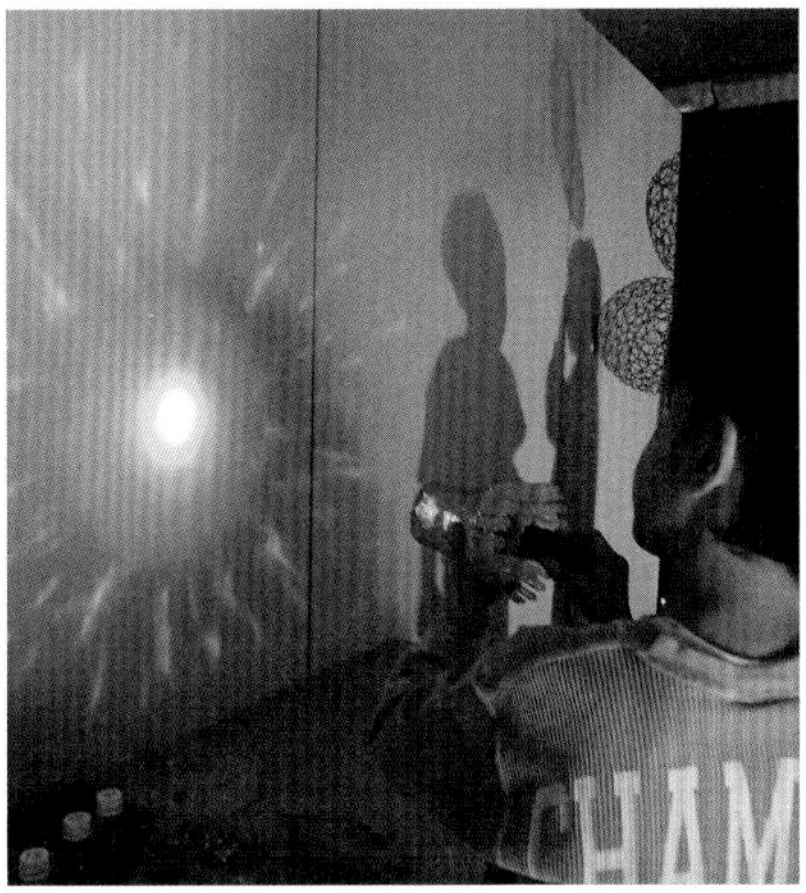

子どもがかくウェブ

保育者が作成している保育ウェブを見ているからか、子ども自身が活動に必要なものなどをウェブでかき表すことがあります。例えば、自分で熊のぬいぐるみを作りたいと思ったときに、必要な道具や素材をウェブで示すことで、子どもなりに何が必要かを可視化し、整理しています。子どもが作成したウェブがあったときは壁面に掲示したり、「集まりの時間」で紹介したりすることもあります。

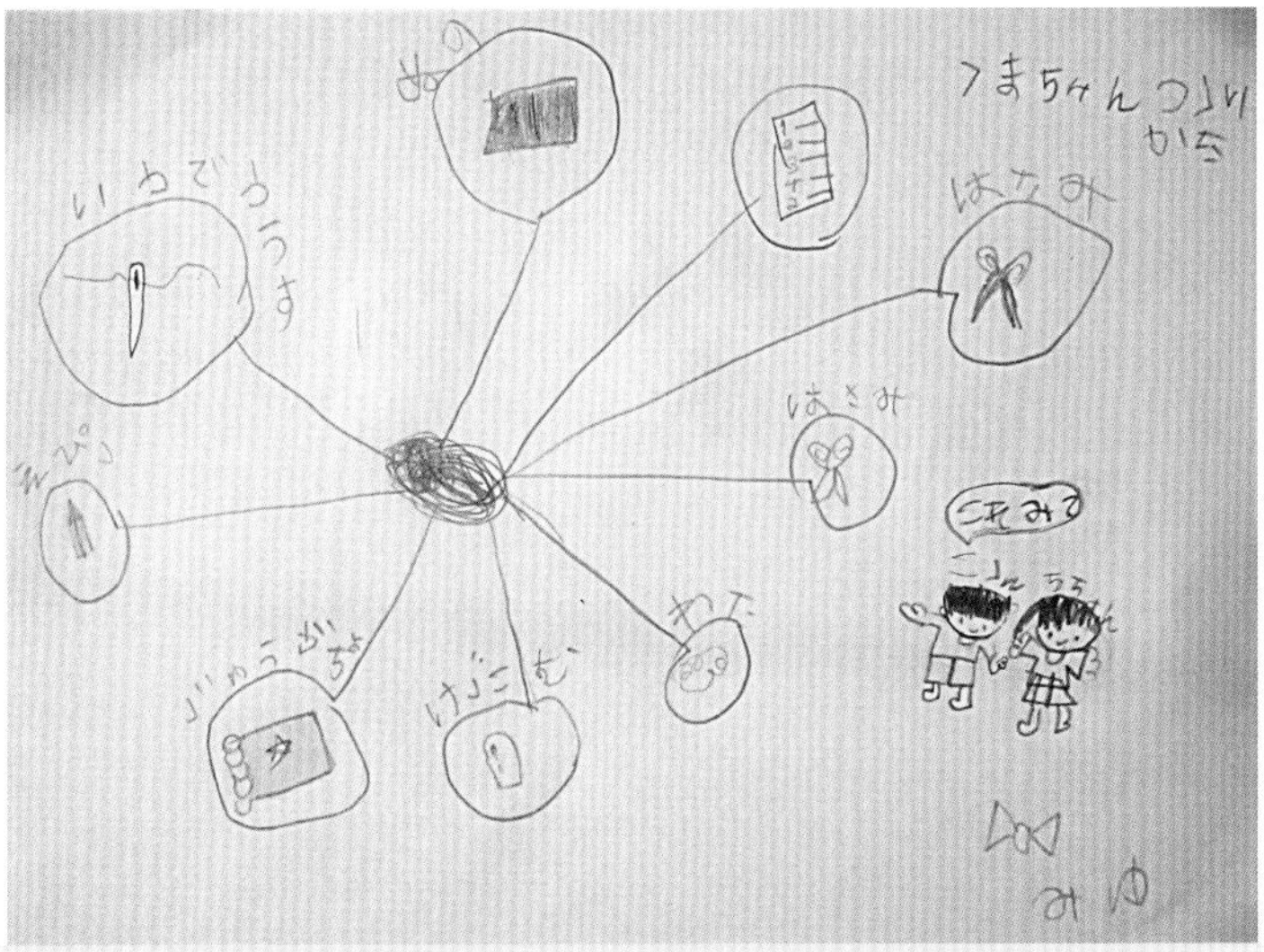

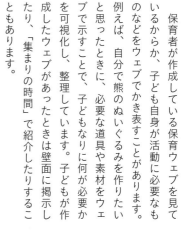

保育者同士の対話で大切なこと

子ども理解や保育の進め方などについて、保育者同士で対話をし、イメージを共有することはとても大事です。保育者同士がよりよく語り合うためには、どのようなことを工夫すればよいのでしょうか。

保育が楽しければ会話もはずむ

子どもの活動をおもしろがることができる保育者は、「今日、こんな子どもの姿があった」と、ほかの保育者に語りたいことがたくさん出てきます。活動をおもしろいと思って見ていると子どもの姿への気づきも多くなり、自然と互いに相談したくなることも増えるでしょう。子どもも保育者も楽しくなる保育をすることが、第一です。

子どもも大人もやらされている感があると、楽しくありません。それぞれが主体的に動くことが大切です。

すき間時間を有効活用

保育者同士が子どもの姿を語る場は、日々の保育の中にあることが大切です。保育のちょっとした5～10分のすき間時間でいいので、保育者同士で子どもや保育の話ができるようにしましょう。1日に何回かの5～10分の対話も、1か月で見れば長い時間になります。また、今の状況をすぐに伝えることで、タイムラグのない情報の共有化も図れます。毎日の積み重ねがとても大事です。

年次にこだわらずフラットな会話を

よく会議などで、一部の保育者だけが発言して、ほかの保育者は、発言しにくい雰囲気になることがあります。そうならないためには、いくつかのポイントがあります。

● 会議は少人数で

人が集まって話すとき、人数が多いと、限られた時間内ではどうしても発言する人数が限られてしまいます。人数が多い中で次々に発言すると、対話というより発表のような形になってしまうことも。また、参加するだけで、会議の話題を自分のこととして感じられない場合もあります。

そういうことを避けるには、できるだけ4〜5人までのグループで話し合うようにしましょう。相手の意見を聞き、それに対して自分の意見を言って、対話が成り立つには、そのくらいの人数がちょうどよいのです。

● ツールを使うことで言語化しやすくなる

ドキュメンテーションやポートフォリオ、保育ウェブなどのツールを使いながら会議を行うと、互いに話し合う土台が同じなので、イメージが共有でき、状況を言葉にしやすくなります。また、保育観などを自分の中で整理することにも役立ちます。

● 経験の差にこだわらない

保育者としての経験が長ければ、その経験から導き出せる答えもたくさんあるでしょう。一方、保育者としての経験が短ければ、「保育の常識」にとらわれず、おもしろいアイディアが出てくることもあります。互いの長所を出し合って、保育の幅を広げていきましょう。

経験の浅い保育者は、とかく自分の保育に自信がなかったり、年長者に話すことを遠慮したりしがちです。経験の長い保育者も、経験の浅い保育者の言葉を柔軟に受け止めて、肯定的な受け答えを心がけることが大切です。

● 合同の保育会議

3か月に一度ほど、0・1・2歳児クラスと3・4・5歳児クラスに分かれて、保育ウェブを見せ合いながら、今の子どもの姿などについての会議をします。ほかのクラスでは、どんなあそびや活動が繰り広げられているのかという情報交換の場であり、自分のクラスの活動のヒントを見つける機会にもなります。

保育者同士の交流の場でもあるので、ときには、たこ焼きパーティーなどをしながら、楽しい雰囲気の中で会議をし、会話がはずむことを大切にします。また、この会議自体が、園内研修の一つにもなっています。

子ども同士の対話で大切なこと

仁慈保幼園の3・4・5歳児クラスでは、朝10時ごろと夕方4時くらいの1日2回、クラス全体が集まって話し合う「集まりの時間」を設けています。「集まりの時間」とはどういったものなのでしょうか。

「集まりの時間」とは？

最近は「サークルタイム」とも呼ばれていますが、仁慈保幼園では円陣を組むわけではないので、昔から「集まりの時間」と呼んでいます。

普段の保育の時間、子どもたちはそれぞれ自分が興味・関心のあるコーナーであそんでいます。クラス全員が集まる場が、この「集まりの時間」です。「集まりの時間」の長さは、時期や子どもたちの様子、クラスなどでも違いますが、朝と夕、それぞれ15～30分ほど、2～5個の議題について、担任のうちの1人がファシリテーターとなり、クラスで話し合いをします。

「集まりの時間」ですることは、大きく分けて2つあります。1つ目は、ホームルーム的なこと。例えば給食のとき、クラス全員が揃って「いただきます」をするのか、6人ずつ座るグループが揃ったら食事を始めるのかなど、そのクラスのルールを子どもたちと話し合って決めていきます。また、

「絵の具を使うときは、棚から出して…」などというクラスの決まりごとは、5歳児が前に立って説明してくれます。保育者が説明するより、年上の子どもたちが話すほうが3歳児も真剣に話を聞いてくれるようです。4月当初は、このような生活上のルールなどの話し合いをする割合が多く、「集まりの時間」も15分程度です。

2つ目は、小学校の総合的な学習に近い話し合いです。総合的な学習に近い話し合いとは、それぞれの子どもが行っているあそびや活動について対話する時間です。あそびや活動の中でうまくいかないことがあって相談したいとき、自分の作品などを見てもらいたいときなどに、この「集まりの時間」を使います。いつもは違うあそびをしている子どもたちが集まる情報共有の場でもあり、その活動に加わっていない子どもたちから新たなアイディアをもらったりします。

例えば、「魚釣りの餌は、どこに売っているか」など、すぐに解決できない話題が出たときには、次の「集まりの時間」までに調べたり、家庭で聞いてきたりして、問題を少しずつ子どもたちの力で解決していきます。クラスにもよりますが、活動が深まっていく秋以降になると、この総合的な学習に近い対話の時間の割合が高くなり、30分ほど話し合います。

年度当初は、園庭の使い方など、生活上のルールを話し合うことが多い。

「集まりの時間」の意義

日々の保育の中では、一人一人の子どもの考えや、それに伴うあそび・活動をとても大事にしています。その一方で、そのあそびや活動を共有し、対話をする中で、自分とは違ういろいろな考えのヒトがいることを知る、他者とどう共存していくかを学ぶ場として、クラス集団があると考えています。

そして、他者と共存するすべを学ぶことが、社会性を育むことだとも考えています。社会性は、集団で一緒に同じことをすることで身に付くのではなく、対話を通して身に付いていくもの。「集まりの時間」という仕掛けを通して、このことを伝えていこうとしています。

3・4・5歳児の異年齢クラスの中で、全員が話し手に注意を向け、対話に集中できるのかという質問を受けることがよくあります。もちろん、4月当初は、落ち着かない子どもたちもいます。そういうときは、ファシリテーターをしている担任以外の担任が寄り添って、クラスの対話の輪の中に入っていけるようにかかわっていきます。座ることを強制したり、保育室の外に連れ出すことはありません。

なぜなら、特別な配慮が必要な子どもにも、この時期に社会性を身につけてほしいという願いがあり、また、それぞれの子どもにも個を尊重し合う心を育んでいってほしいという願いがあるからです。

「集まりの時間」では、素材を回して感触を確かめたり、製作物を見るために、1か所に集まったりすることもある。

真剣な表情で、友達の話を聞く。

「集まりの時間」に、自分で考えたダンスを披露。

「集まりの時間」で大事なこと

「集まりの時間」を意義あるものにするために、大事なことをピックアップしました。

●「楽しい話し合い」であること

子どもたちの多くが、「集まりの時間」を楽しみにしながら参加している様子がうかがえます。それは、生活のルールの話などは最小限にして、自分たちが興味・関心のあるあそび・活動についての話し合いに多くの時間を使っているからではないでしょうか。自分たちが興味・関心のあることだと話し合いも盛り上がります。

例えば、先日の「集まりの時間」に、何人かの子どもたちが、クラスで飼っているカマキリを、休みの日に家に連れて帰りたいと提案したことがありました。すると、「家でちゃんと世話ができるのか？」と疑問視する子どもが出てきました。「お父さんやお母さんの協力がないと難しい」などの意見も出て、最終的には、週末にカマキリを家で飼いたい子は、木曜日に保護者に世話ができるかを確認し、大丈夫なら金曜日に連れて帰り、月曜日に家庭でのカマキリの様子をみんなに報告することが決まりました。このような子どもたちの真剣で楽しい語り合いが、毎日のように、各クラスで繰り広げられています。

タブレットを使って、写真を見ながら話し合うことも。

● 0・1・2歳児からの経験が大事

子どもたちが、さまざまな活動で主体性を発揮できるのは、0・1・2歳児クラスから安心・安定した環境があるからだと考えています。3・4・5歳児も、物的にも人的にも安心・安定した環境が保障されていないと、互いの意見を尊重する心の余裕が生まれず、対話することが難しくなってしまいます。ですから、子どもたちが安心・安定して日々を過ごすことができる環境を何より大切にしています。

また、0・1歳児では、絵本の読み聞かせのときなどにクラスで集まる時間があり、2歳児になると、夕方のお茶の時間に担任と子どもたちでゆったりと話をする時間をもちます。みんなで集まって興味・関心のあることを話すという経験を少しずつ積んでいきます。

「集まりの時間」の流れとポイント

子どもの学びや活動が深まるために、「集まりの時間」を、どのような流れで進めているのでしょうか。

1 子どもの姿から議題をピックアップ

「集まりの時間」での総合的な学習に近い話し合いでは、何を話題にするのかが、とても重要です。保育時間中に、保育者は子どもたちの様子を注意深く見守り、盛り上がりを見せている活動や、おもしろい製作をしている子、活動がうまく進んでいない子などに注目し、「大きなおみこしを作りたいなら、みんなに相談してみたら?」などと、それぞれの子どもと話し合います。

すぐにでも、みんなの前で話したい子もいれば、設計図やウェブなど、見せられるものを作ってから話したいという子もいます。また、子どもによっては、早めに話し合ったほうが意欲が持続する子もいます。

そのような子どもの思いを考慮しながら、朝の「集まりの時間」で話題にするか、夕方にするのか、次の日にするのかなど、取り上げる優先順位を考えておきます。

2 担任間で事前に打ち合わせ

「集まりの時間」の前には、子どもの姿を踏まえ、必ず担任間で打ち合わせをし、何を話題にするかを決めておきます。話題は、確認しておきたい生活のルール、前日出た課題の続きの話し合いや、今クラスで共有したい活動や製作物など多岐にわたります。その日が誕生日の子どもがいれば、そのお祝いもします。「みんなに自分がしているあそびを知ってもらいたい」「大きなものを作るので、みんなに協力してもらいたい」「○○をしたいけれど、やり方がわからないので、誰かに教えてほしい」など、自分からみんなの前で話したいという子どももいます。それらの話題を調整して、2~5個の内容に絞り、事前にホワイトボードに、「集まりの時間」で話す話題を書いておきます。

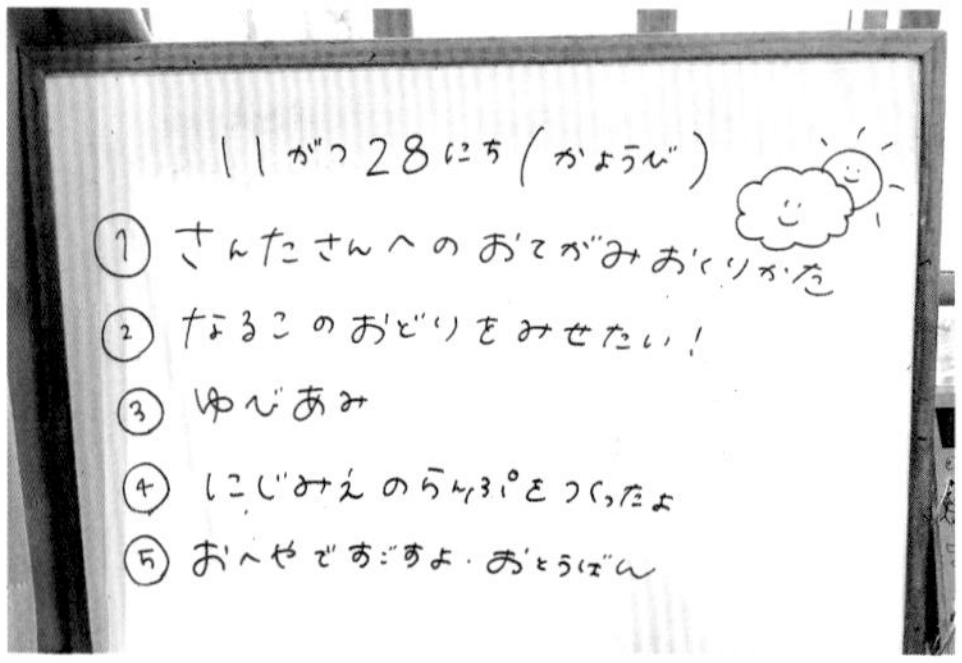

「集まりの時間」の前に、話し合う話題を掲示。

子どもたちもホワイトボードを

見ることで、「集まりの時間」で何を話し合うかの見通しがつきます。

3 話の流れを視覚化する

2人いる担任のうちの1人がファシリテーターとなりますが、決まった1人がするのではなく、毎回交替で行っています。「集まりの時間」では、ファシリテーター役の担任が、ホワイトボードに子どもたちの意見を要約して書いたり、イラストで表現するなど、話の流れを可視化しながら、進めていきます。ときには、子どもの作品や写真など見せながら、話を進めます。そうすることで、子どもの思考が整理されていきます。

「集まりの時間」では、自分の作品を披露することも。

4 あそびや活動に対話の内容を反映する

例えば、朝の「集まりの時間」にほかの子どもから、あそびや活動のヒントやアイディアが出たら、子どもたちはそこに自分の創意工夫もプラスして試してみます。そして、その結果を夕方の「集まりの時間」でみんなに報告し、またヒントやアイディアをもらうことを繰り返し、あそびや活動を深めていきます。その過程で興味をもった子どもたちが、自分なりに参加したりして、あそびや活動が広がっていくこともあります。

また、課題として残った話題については、後日、解決策をもち寄ります。

自分でかいた設計図などを見せながら、活動を報告する。

保育者のファシリテーターとしての役割

保育者は、「集まりの時間」で、どのようなことを念頭におきながら、話を進めていくのでしょうか。

結論に向けて話を誘導しない

「集まりの時間」では、クラスの子どもたちが自分の意見を言えたり、伝え合ったりすることをいちばん大事に考えています。一人の子どもが「今、こんな活動をしている」と話をしたときに、その活動に参加していない子どもが興味を示し、「あ、Aちゃんは、こんなことをしているんだ。やってみたいな」と触発されて、あそびが広がったり、深まったりしていきます。

ファシリテートする保育者は、自分のイメージする結論のほうへ子どもたちの意見を引っ張ったり、誘導しないように注意します。子どもの言葉を奪わないようにすることが大事です。そのほうが、大人が考えつかないようなおもしろいアイディアや結論にたどり着き、活動が盛り上がったり、深まったりすることが多いように思います。

認められる経験が自信につながる

製作物を作ったときなどに、子どもが自分から「集まりの時間」にみんなに見てもらいたいと言ってきたり、保育者が「みんなにも見せてあげて」と、誘うこともよくあります。みんなに「すごいね!」などと、認められる体験は、子どもたちの自信や次の作品作りの意欲につながります。

また、みんなに見せることで、「こういうこともできるんじゃないかな?」などと、ほかの子どもから新しいアイディアが出て、それがヒントになり、あそびや活動が広がることもたくさんあります。

大きな切り紙を作った子は、「集まりの時間」でみんなに褒めてもらってうれしそう。

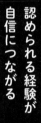

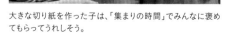

その子のもてる力を引き出す

人前で話すのが得意な子もいれば、苦手な子もいます。例えば、ある朝、「集まりの時間」に園庭で採れた野菜をどうやって食べるかという話し合いをしました。「集まりの時間」が終わったときに、大勢の前で話すのが苦手な5歳児のMちゃんが保育者のところに来て「さっきの話だけど、おうちでバーベキューをしたら、とても楽しかったから、バーベキューをしたら」と、言ってきました。夕方の「集まりの時間」では、保育者が「代わりに話してもいい？」と聞くと、Mちゃんはうなずきます。Mちゃんの考えを伝えると、みんな大賛成で、園庭でバーベキューを楽しむことになりました。自分の意見がみんなに支持されたことに少し自信をもったMちゃんに、それからの「集まりの時間」に「Mちゃんの話も聞こう」と、保育者が話を向けるようにしました。卒園のころには、Mちゃんは自信をもって自分の意見を言えるようになっていきました。

　また、保育者が子どもと事前に話し、「前に出て話すのは嫌だけれど、伝えたいことがある」とわかったときには、その子は席についたまま、保育者が一つ一つ質問をして、話を引き出すようにすることもあります。

　はじめから無理にみんなの前で意見を言える必要はないのです。その子のもっている力に気づいて、対話しながら、少しずつその力を引き出すようにしています。

子どもと保育者の対話で大切なこと

毎日の保育の中で、保育者と子どもが、一対一で対話する時間を大切に考えています。忙しい保育の中で、一人の子と対話できる時間は限られるかもしれませんが、その中で、どのようなことを大切にしているのでしょうか。

提案しても、選択は子どもにゆだねる

大人が子どもと話をするとき、経験からわかっていることは、つい「こうしたらどう?」などと言ってしまいがちです。大人と子どもでは経験の量が違うので、つい自分の知っている答えを言いたくなってしまいます。

でも、保育者には強い影響力があります。「先生がこう言ったから」と、保育者の意見で決まってしまうのでは、子どもたちの学びが薄くなってしまいます。反対に、子どもの主体性だけを信じて見守り続けるのでは、保育の専門家とは言えません。

例えば、子どもが段ボールと棒をつなげる方法で試行錯誤しているとき、保育室を見回して「何か使えるものはないかな?」などと、子どもたちが自分たちの経験からよりよい答えを考え、導き出せるようにします。子どもの問いに寄り添いながら、自身で考え、選択できる言葉がけが大切です。

子どもの学びが深まる保育者のかかわり

保育者のちょっとした言葉がけとかかわりで、子どもの興味や意欲が高まり、「もっとやりたい」という思いにつながっていくことがあります。

例えば、製作をしているときに、自分のイメージしているようにできないなどの困りごとがあると、面倒くさくなって投げ出してしまう子どももいます。経験が浅いのだから、やり方がわからなかったり、うまくいかなかったりすることもあるでしょう。でも、保育者から見ると、ここで終わらせたら学びにつながらないと思える場面もあります。そんなときに、「何に困っているの？」などと困っていることを聞きます。すると、スカートを作るのに段ボールを使ったらうまく丸められないなどという、子どもが今、直面している問題がわかります。ここでも、すぐに答えを伝えるのではなく、「もっと体にピタッてくっつく素材のほうがいいのかもね」などとヒントを提供します。すると、子どもは「私の問題点は、素材選びだったんだ」と気づくかもしれません。さらに、「一緒に素材庫に行ってみる？」などと誘ってみます。また、ほかの子どもが素材を上手に使っているときなどは、「○○ちゃんは、布を使って作っているみたい」などと、ほかの子どもの姿から学べるようにするときもあります。

子どもの困りごとに寄り添う、ヒントを提供する、ほかの子につなげる——。対話を通して、子どもの学びにつなげる方法はたくさんあるのです。

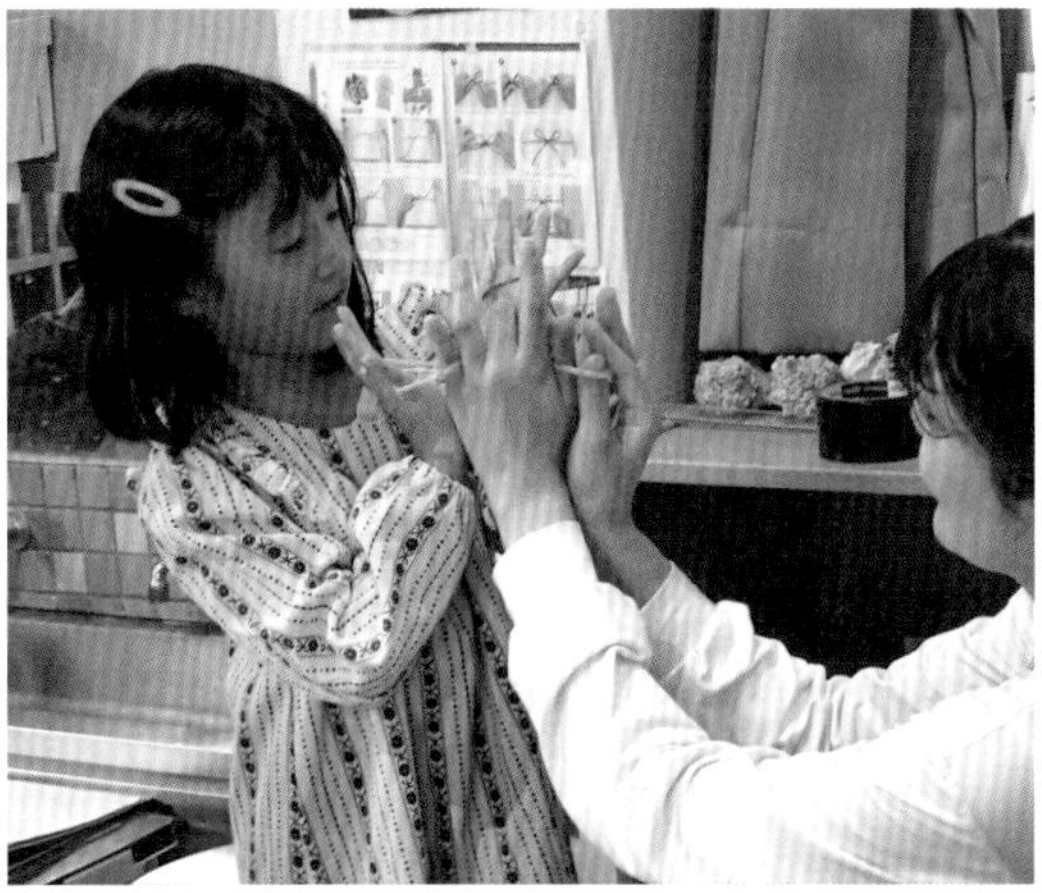

子ども自身が活動を語れることが大事

外から見て、あそびが盛り上がっているように見えても、クラスの子どもに「ここはどうしてこうなっているの？」などと質問を投げかけたとき、「わからない」とか、「先生が言ったから」などという答えが返ってきたら、主体的な活動とは言えません。本当に自分たちがやりたいあそびや活動をしているとき、子どもたちは自分のしていることを一生懸命語ってくれます。大人から見たら、描いている絵や製作物が稚拙だとしても、主体的に動き、自分で考えてあそびや活動を創っていく過程で、さまざまなことを経験し、心に刻んでいくことが大事なのです。さまざまなことを子どもと語り合いながら、保育を創っていきましょう。

保護者や地域との対話から生まれるもの

保育は子どもと保育者だけで創るものではなく、保護者や地域なども大切な保育の担い手となりえます。保護者や地域との対話は、どのようになされているのでしょうか。

保護者には保育を知ってもらうことから

保護者に対しては、まずは、ドキュメンテーションやポートフォリオを通して、自園の保育を知ってもらうことから始めました。これらのツールを通して、保護者が保育や子どもの育ちに興味・関心をもってくれるようになり、子どもの興味に添った活動への協力を申し出てくれたり、保育者だけではわからないことを考えてくれたりと、一緒に保育を創ってくれています。

また、大人が生き生きと楽しんでいる姿を子どもたちに見せようというコンセプトのもと、いくつもの保護者のサークルがあります。興味のある職員も参加して、例えば、音楽サークルの人たちがコミュニティスペースでライブを開くこともあります。もちろん、催しがあるときは、希望する子どもも参加します。そういう交流の中で、保護者と保育者、保護者同士の対話が生まれ、子どもの経験がより広がり、豊かな感性が育まれていくきっかけになるのだと思っています。

地域とのつながりを大切に

仁慈保幼園の中でも、世田谷代田仁慈保幼園は比較的新しい園ですが、最初の職員研修は「地域のことを知る」ことでした。それぞれの保育者が地域で自分の興味・関心のある場所や人を訪ねて対話をし、それを発表します。そういうことをきっかけに、保育に役立つ場所や、園に興味をもってくれる人々とつながることもあります。地域にどんな専門家や保育に役立つ場所があるかを事前に知ることで、子どもが「○○したい！」と考えたときに、手助けしてくれる人や場所がすぐに思い浮かびます。

また、世田谷代田仁慈保幼園では隣接している商店街との祭りや地域のイベントがあるときには、コミュニティスペースやウッドデッキを活用し、工作や展示、昔あそびなど、地域の親子が楽しめるようなコーナーを作ったり、アーティストとペイントをするワークショップ、音楽や演劇など多様な芸術にふれる企画などでコラボレーションしています。多くの地域の人々に園の在り方を知ってもらい、地域に溶け込めるよう努めることで、園に協力し、子どもたちとふれあったり、対話をしてくれる人が増えています。

第3章

ツールを駆使して育まれる学びの物語

ドキュメンテーション、ポートフォリオ、保育ウェブという3つのツールを駆使することで、どのような対話が生まれ、どのように保育に活かされていくのでしょうか。事例をもとに、見ていきましょう。

多摩川保育園

保育者同士の対話

ツールを仲立ちにはずむ担任同士の対話

ポートフォリオや保育ウェブを使って、担任同士はどのように対話をしているのでしょうか。具体的に0歳児クラスのリサちゃんの事例をもとに紹介していきます。

ポートフォリオのコメントから対話へ

0歳児クラスでは緩やかな育児担当制を敷いており、現在11人の子どもたちを非常勤を含む5人の保育者が見ています。このクラスでは、毎月、常勤の担任それぞれが、自分の担当の子ども3〜4人分のポートフォリオを書いています。

1歳3か月のリサちゃんは、上部に穴の空いた円筒形のケースの中にチェーンを入れることに挑戦していました。でも、なかなかチェーンを入れることが難しく、涙が出ます。担当者が、ポートフォリオにそのことを書いたとき、ほかの保育者から「どういう気持ちで涙が出てきたの？」というコメントがありました。担当者が作成したポートフォリオは、担任間で回覧して、ほかの保育者にも見てもらい、コメントをもらいます。自分はわかっていることでも、読み手には伝わりにくいこともあると知り、完成させるとき

リサ ちゃん（1歳5ヶ月）

物と物とのつながりを理解し始め、言葉でも表現できることが増えてきたことで、[redacted]ちゃんらしい表現の仕方で、自分の思いを伝えられる場面が増えてきたように感じます。

自分の力で変わっていく形

指先に力が入るようになったこと、以前園庭で遊んでいた際に砂と泥の違いを楽しむ姿があったことをきっかけに、日差しが強く暑い日に、小麦粉粘土に触れてみました。

保育士もこねたり、ちぎったり、床に投げたりして形が変わる様子を一緒に遊んでいたのですが、[redacted]ちゃんは、左右に伸ばし、ちぎれる様子が面白かったようです。伸びていく様子を真剣に見つめ、切れると笑っていました。このように遊ぶ姿を見て、小麦粉粘土の感触を楽しむと共に、自分の力で形が変わっていくことに面白さを感じていたのではないかと思いました。これからも、小麦粉粘土や片栗粉、粘土、水、砂など自分で形を変えられる素材に触れ、その面白さを感じて欲しいと思います。

伝えられる楽しさに気がついて

わらべ歌などの歌に合わせて手や体を動かすこと、一緒に歌うことを楽しんでいます。今までは、大人が歌いながら手や物を動かしていたのですが、最近は[redacted]ちゃんがやって欲しい歌に合わせて、物を持って来たり、動きをしたりすることで表現しています。特に、一緒に歌うことができ、動きもある"おおかぜこい""おもちゃのチャチャチャ"はお気に入りのようで、よく「こーい・こーい・こい」や「ちゃ、ちゃ」と言っています。

また、"おおかぜこい"では、大人や近くに居た友だちに、シフォンを被せています。他にも、"こりゃどこのじぞうさん"は。セーター人形を揺らす姿があり、やってもらっていたことを自分ができる喜びや自分がやったことに楽しそうに笑う周りの人とのやりとりの面白さを感じているようです。

以前は手で触ったり、上に寝転がるように乗ったりして感触を楽しんでいた水入りビニール袋ですが、安定して歩けるようになってきたことから、足でも楽しむ姿がありました。しっかりと踏ん張れる平な地面ではなく、ぐにゃぐにゃと動き、滑る水入りビニール袋に、最初は緊張したような表情で、しっかり手すりに掴まっていましたが、徐々にその不安定さが面白さに変わったようで、声を上げながら遊んでいました。

2023.9.29　作成：[redacted]

担当者がはじめに書いたポートフォリオ。担当者への共感や、違う見方を示唆したものなど、さまざまなコメントが寄せられている。

真剣な表情で挑戦！

は、そのときに感じたリサちゃんの気持ちも書くようにしました。

9月に1歳5か月になったリサちゃんは、指先に力が入るようになってきて、小麦粉粘土を楽しむようになりました。担当保育者は、リサちゃんが小麦粉粘土をちぎっている様子を見て、自分が力を加えることで、粘土の形が変化することがおもしろいのかなと考察し、ポートフォリオを作成しました。

コメントには、「リサちゃんは、確かに粘土の形が変わることを楽しんでいたよね」という共感の言葉があったり、「ちぎるときの音とか、匂い、感触はどう感じていたんだろう?」という投げかけを書いてくれる保育者もいました。

文字だけだと伝わりづらいこともあるので、コメントをもらった後は、必ずコメントをくれた保育者のところへ話しに行きます。「私は、こういうふうに思った」。そうすると、「私が見たときは、こんなことをしていたよ」など、その保育者が感じたことや担当者が見ていなかったシーンのことを話してくれるので、「そういうとらえ方もあるんだな」と、子どもを見る幅が広がったり、今度はどういうふうにリサちゃんにアプローチをしていけばいいかなと、より深く考える契機になったりします。

リサ ちゃん（1歳5ヶ月）

物と物とのつながりを理解し始め、言葉でも表現できることが増えてきたことで、[illegible]ちゃんらしい表現の仕方で、自分の思いを伝えられる場面が増えてきたように感じます。

自分の力で変わっていく形

指先に力が入るようになったこと、以前園庭で遊んでいた際に砂と泥の違いを楽しむ姿があったことをきっかけに、日差しが強く暑い日に、小麦粉粘土に触れてみました。

保育士もこねたり、ちぎったり、床に投げたりして形が変わる様子を一緒に遊んでいたのですが、[illegible]ちゃんは、左右に伸ばし、ちぎれる様子やその感覚が面白かったようです。伸びていく様子を真剣に見つめ、切れると笑っていました。また別の日には、ちぎったものを手のひらで散らかすように擦っていました。このように遊ぶ姿を見て、小麦粉粘土の感触を楽しむと共に、1つのものからたくさんに増えていくこと、自分の力で形が変わっていくことの面白さを感じていたのではないかと思いました。これからも、小麦粉粘土や粘土、水、砂など自分で形を変えられる素材に触れながら、面白さを感じて欲しいと思います。

伝えられる楽しさに気がついて

わらべ歌などの歌に合わせて手や体を動かすこと、一緒に歌うことを楽しんでいます。今までは、大人が歌いながら手や物を動かしていたのですが、最近は[illegible]ちゃんがやって欲しい歌に合わせて、物を持って来たり、動きをしたりすることで表現しています。特に、一緒に歌うことができ、動きもある"おおかぜこい""おもちゃのチャチャチャ"はお気に入りのようで、よく「こーい・こーい・こい」や「ちゃ、ちゃ」と言っています。

また、"おおかぜこい"では、大人や近くに居た友だちに、シフォンを被せています。他にも、"こりゃどこのじぞうさん"では、セーター人形を揺らす姿があり、やってもらっていたことを自分ができる喜びや自分がやったことで楽しそうに笑う周りの人とのやりとりの面白さを感じているようです。

バランスを取る楽しさ

以前は手で触ったり、上に寝転がるように乗ったりして感触を楽しんでいた水入りビニール袋ですが、安定して歩けるようになってきたことから、足でも楽しむ姿がありました。しっかりと踏ん張れる平な地面ではなく、ぐにゃぐにゃと動き、滑る水入りビニール袋に、最初は緊張したような表情で、しっかり手すりに掴まっていましたが、徐々にその不安定さが面白さに変わったようで、声を上げながら遊んでいました。

2023.9.29　作成：[illegible]

完成したポートフォリオ。

語り合いの工夫

保育者同士が対話をする時間は、子どものお休みが多い日や、午睡で人手が足りているときなどのすき間時間を利用しています。担当者とコメントを書いてくれた保育者の2人が、ちょっと保育から外れても大丈夫なタイミングを見計らって時間を作っています。

以前は、ほかのクラスの保育者や保護者に見てもらうことを優先して、ポートフォリオは廊下に掲示していましたが、最近はポートフォリオを見ながらクラスの保護者とより深く話ができるよう、保育室の中に掲示するようになりました。

小麦粉粘土の感触は？

対話を保育に活かす

リサちゃんのポートフォリオへのコメントに、「小麦粉粘土を小さくちぎって、てのひらで散らすようにしていたから、数が増えるのがおもしろいのかも」というものがありました。担当者が見ていないシーンだったので、次月のポートフォリオを書くときは、そこのところをよく見て、保護者にも伝えようと考えました。

また、絵の具あそびをしていたとき、リサちゃんは絵の具を塗った両手を合わせ、ぱっと開いて、「キュッ」「ポン」といろいろな音がすることを楽しんでいる姿がありました。絵の具のヌルヌルした感触を楽しむだけでなく、音を楽しむ姿に注目できたのは、感触や音に興味をもつ姿を見ることを促してくれた同僚からのコメントがあったからかもしれません。

0歳児は心身の発達が著しいので、1か月1枚だと、あれも書きたい、これも書きたいと、話題を絞ることに悩みますが、同じ保育室で同じ子どもを見ているほかの保育者のコメントは、励みになると同時に、「そういう見方もあるんだな」と新しい発見につながります。

子どものことを話し合う会議

0歳児クラスでは、月に2回会議をしています。

1つ目の会議では、子どもの姿の話し合いのほかに、1日の流れの見通し、環境構成、保育に関する悩みを話し合ったりしています。先日、「保育園って、お迎えの時間がバラバラだから、保護者同士が知り合う機会がないよね。でも、せっかく子どもたちが同じ時間に同じ場所で過ごしているんだから、ちょっとでもお互いを知ってもらえるといいよね」などの意見も出し合いました。その後、保護者の同意を取って、親子の名前や保護者の趣味、「子どもの洋服はどこで買っている?」などのテーマで、保護者と担任のコメントを掲示するようになりました。保育者と保護者の間で話がすごく盛り上がったり、保護者同士の距離も少し近くなったように感じます。

保育ウェブ作成会議での対話

2つ目は保育ウェブ作成会議です。保育ウェブ作成会議では、今の子どもの姿から予測できるあそびや活動の広がりをかき込んでいきます。保育室の環境を考える上で、この会議がとても大切です。9月の保育ウェブ作成会議では、大人はやってほしくないけれど、子どもは悪いとは思わずに楽しんでやることを「いたずら」としてトピックにしました。

例えば、子どもたちは月齢的に手先がすごく器用になってきていて、写真などをはっておくと、すぐにはがして

保護者や担任の趣味や関心などを紹介するコーナー。

子どもの様子を話し合っていると、さまざまな見方や感じ方に出あえて、新しい発見が多い。

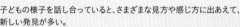

しまいます。見てほしくてはってあるのでやめてほしいけれど、子どもの興味・関心は保障したい――。そこで、今はテープをはがすことに興味があるのだから、面ファスナーやガムテープをはったりはがしたりするコーナーを作ったらどうかという意見が出ました。それに対して、「はがしたときに自分たちの顔が出てきたらおもしろいよね」などという意見も出て、アイディアや予測が次々と広がっていきます。ジョイントマットをはがすことを楽しんでいる子どももいたので、会議で話し合い、壁にジョイントマットをはって、いつでもはがせるようにしてみたのですが、それには子どもたちが興味を示しませんでした。どうやら密集しているジョイントマットをはがすのがおもしろかったようです。このように、構成した環境と子どもの気持ちとの間にずれが出るときもありますが、そこは試行錯誤を繰り返して、次の環境を考えていきます。会議時間は、夕方の6時45分から8時45分までの2時間。楽しくて「あれ？　いつの間にか時間が過ぎている！」となるほど、ついつい話が盛り上がってしまいます。保育者の予測が実現することにも喜びを感じますが、子どもたちが保育者の予測していないあそびや活動を始めたとき、子どもの発想のおもしろさや、成長を感じ、喜びが倍増します。

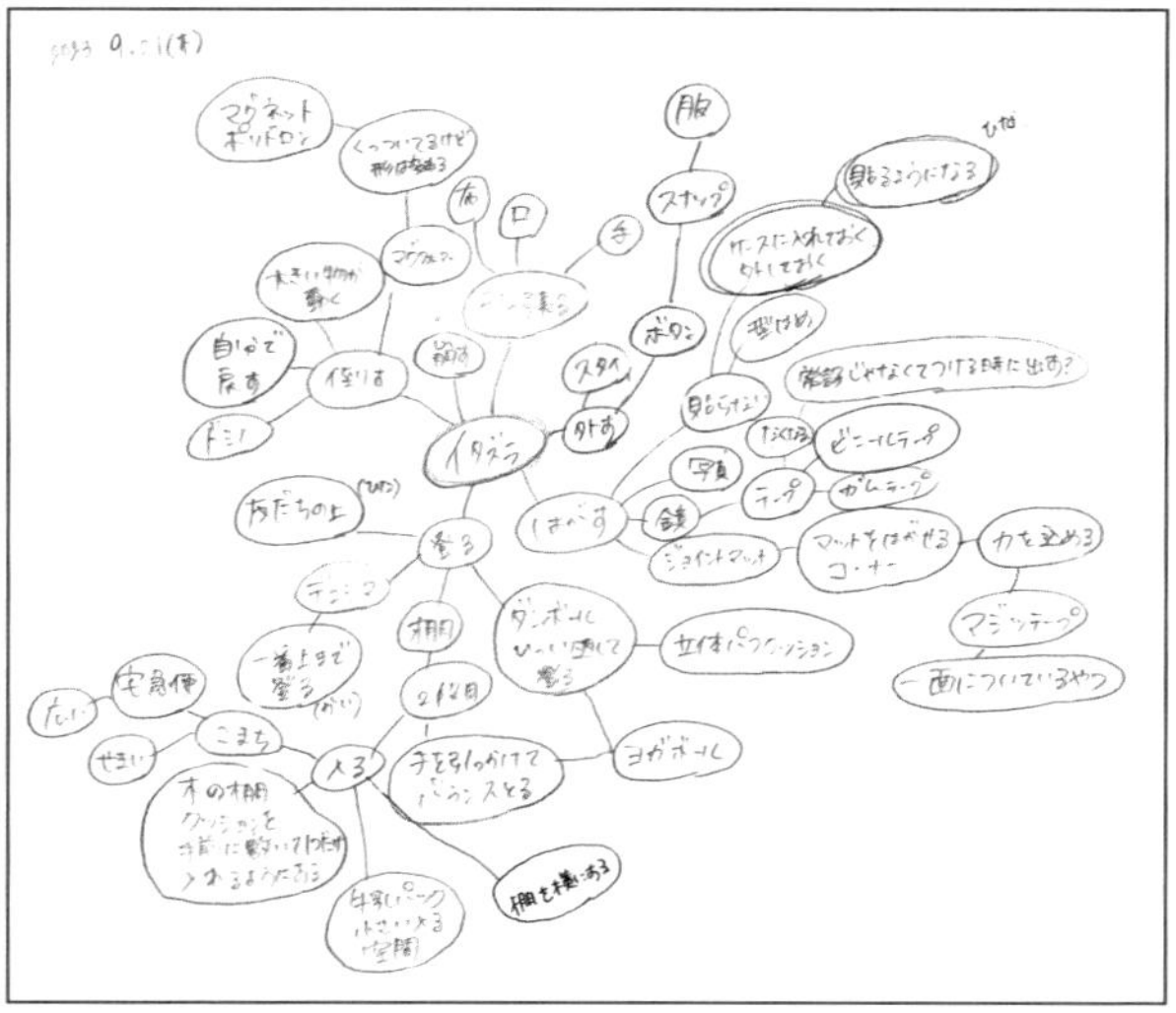

「いたずら」をトピックにした保育ウェブ。

そのアイディア
おもしろいね！

対話することで、子どもの姿のとらえ方が多面的になる　妹尾正教

ポートフォリオやドキュメンテーションという記録は、「こう考えていたのではないか」と、子どもの姿の背後にあるそのときの思いを省察して書いていきます。保育者自身は記録を作成する過程で、自分自身と向き合って頭の中で内容を整理していくことで、子どもを見る目が育まれていきます。

一方、保育者は、自分がとらえた子どもの思いをもとに記録を作成しているのですが、その省察が正しいかどうかはわかりません。その記録をオープンにして、ほかの保育者が読むことで、異なるさまざまな子どもの姿のとらえ方が出てきて、対話が生まれます。対話があることで、自分の考え方だけではなく、多面的なとらえ方を知り、より省察が深まっていくのです。また、保護者も保育の専門家である保育者の見解を知り、「プロはこういう見方をするのか」と、保育観を共有することにつながっていくでしょう。記録を仲立ちにすることで、保育者同士や保護者との対話が圧倒的に増えていきました。

世田谷代田仁慈保幼園

保育ウェブ

保育ウェブから見えてくる子どもの姿

0歳児クラスでは、どのような観点で子どもの姿を注視し、保育ウェブを作成しているのでしょうか。具体的にご紹介します。

年度当初のトピック

4月、0歳児クラスには9人の子どもたちが入園しました。いちばん月齢の高い子どもが5月生まれ、月齢の低い子どもが12月生まれで、子どもたちにだいぶ月齢差がありました。もう歩ける子どももいましたし、まだ寝返り前の子どももいたのです。担任は全部で4人。

そこで、年度最初の保育ウェブ作成会議では、トピックとしてまず「五感」と「身体」を挙げました。その後、担任や保育室の環境に慣れてきたところで、はいはいができるようになった子どもや、靴を履いて歩けるようになった子どもから、徐々に園庭にも活動が広がっていったので、振り返りを行った次の保育ウェブ作成会議で、トピックに「園庭」も加えられました。

トピックから予測を広げていく

「五感」をトピックとしたときに、話し合いながら「感触」「視覚」「聴覚」をピックアップして、それぞれにどんな姿が予測できるかを考えてみました。最初は、はいはいの姿勢の子どもが多く、棚の下の滑り止めを触ってみる、クッションのタグであそぶなどの姿があったので、子どもたちの目線が低いことを考慮して、床の素材の種類を広げたいという話が出ました。そこで、床にエアパッキン、人工芝、手触りの異なるマット、面ファスナーなどを敷き、手触りを楽しめるコーナーを作ろうと話し合いました。これらは、100円ショップですぐ手に入ります。

また、指先の巧《こう》緻《ち》性の発達を考えて、不要になったパソコンのキーボードを置いてみることにしました。実際にキーボードを設置すると、ただ触るだけでなく、なでてカラカラと鳴る音を楽しむ子や、キーボードを踏んで足裏の感触を楽しむ子がいたのは予想外で、「こういう楽しみ方もあるんだ！」と驚かされました。

「視覚」に関しては、腹ばいの姿勢になることも促せるのではないかと、床に鏡をはってみました。自分や友達

いろいろな感触に
ワクワク！

の顔が映っていることに興味をもつのは予測していましたが、鏡に映った担任と目が合うと、にっこりとする姿もありました。そこで、クラスの子どもたちの写真を床にはったコーナーも作ってみることにしました。

また、「聴覚」については、壁やお盆をたたいたり、棚の裏をたたくと音が響くのをおもしろがったりする様子があったので、ペットボトルにビーズを入れたマラカスやミルク缶で作った太鼓などを用意することにしました。

「身体」のトピックでは、月齢の高い子どもたちは、思った以上に指先が器用で、はいはいも上手だったので、保育室にあるトンネルの中にリボンを垂らしてみてはどうかという提案が出てきました。リボンをつかみたい思いがあるからか、ずりばいなどもよくするようになりました。話し合い、予測して環境を整えてみたことで、動いてあそぶことが増えていきました。

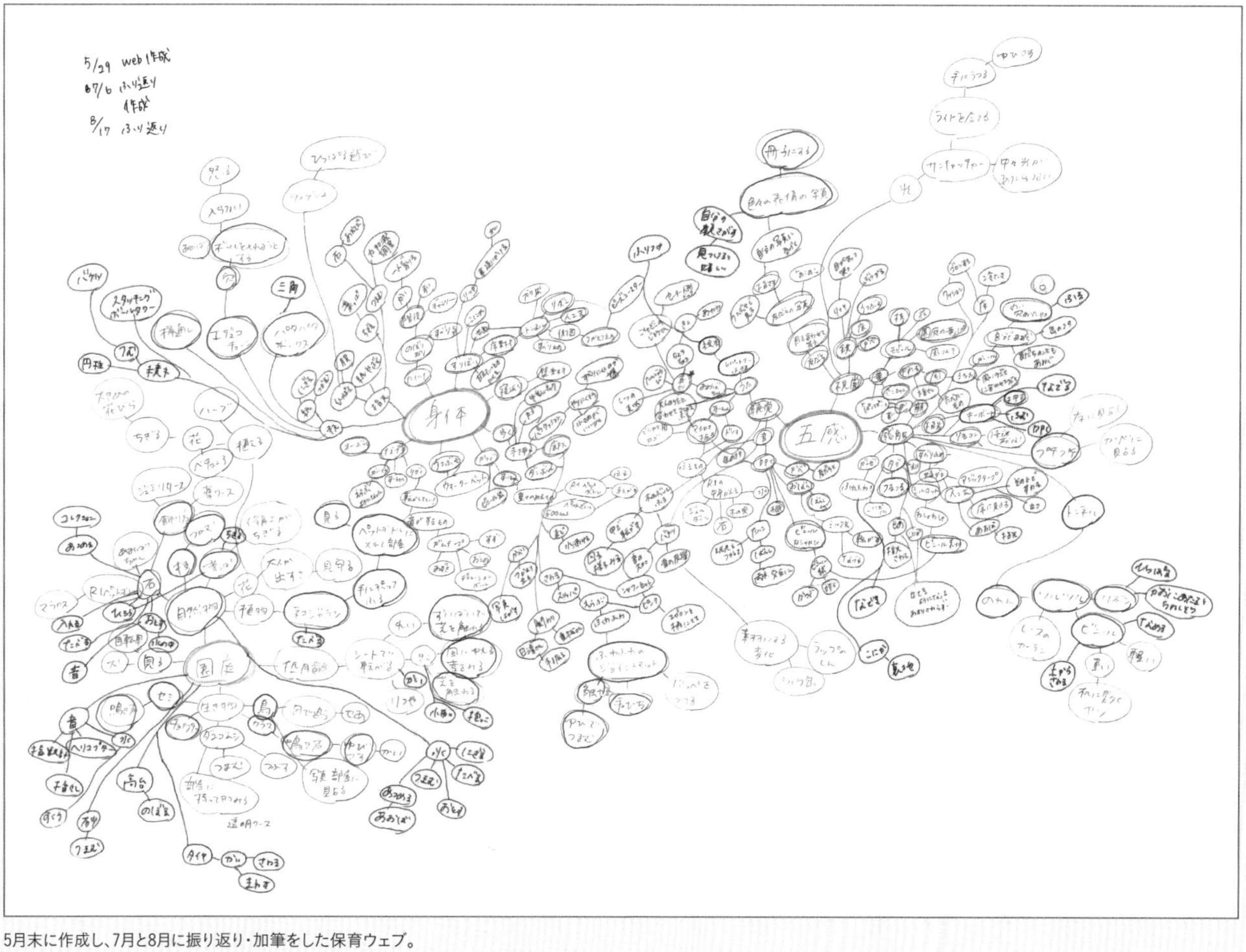

5月末に作成し、7月と8月に振り返り・加筆をした保育ウェブ。

子どもの姿で変化する保育ウェブ

一か月ごとにある保育ウェブ作成会議では、前月の保育ウェブを振り返り、新たな保育ウェブを作成します。前月のトピックがまだ続いていればそこから予測を広げ、子どもの興味・関心が移ったときには、新しいトピックを立てて作成します。

この年は、最初の保育ウェブを5月末に作成し、7月初めに振り返りをしました。7月初めの会議では、5月末の保育ウェブにあそびや活動をかき足していきましたが、次の8月の会議のころにはだいぶ子どもの姿が変わっていたので、振り返りをした後、新たな保育ウェブを作成しました。トピックとしては、「五感」のところを「手先」にし、「身体」と「園庭」はそのままですが、姿や予測は大きく変わりました。

例えば、「園庭」では、予測される姿が、自然物や生き物、植物などに親しむあそびや活動から、夏ならではのあそびに変化していきました。

「園庭」では、保育ウェブをかいている際に、「氷を出してみたら」という案が出て、やってみることになりました。最初は製氷皿で作れる大きさの氷を用意したらという話だったのですが、「サイズの違う氷を用意したらどうかな」というアイディアが出たので、実際に用意してみると、小さい氷のほうが子どもたちの関心を集めました。

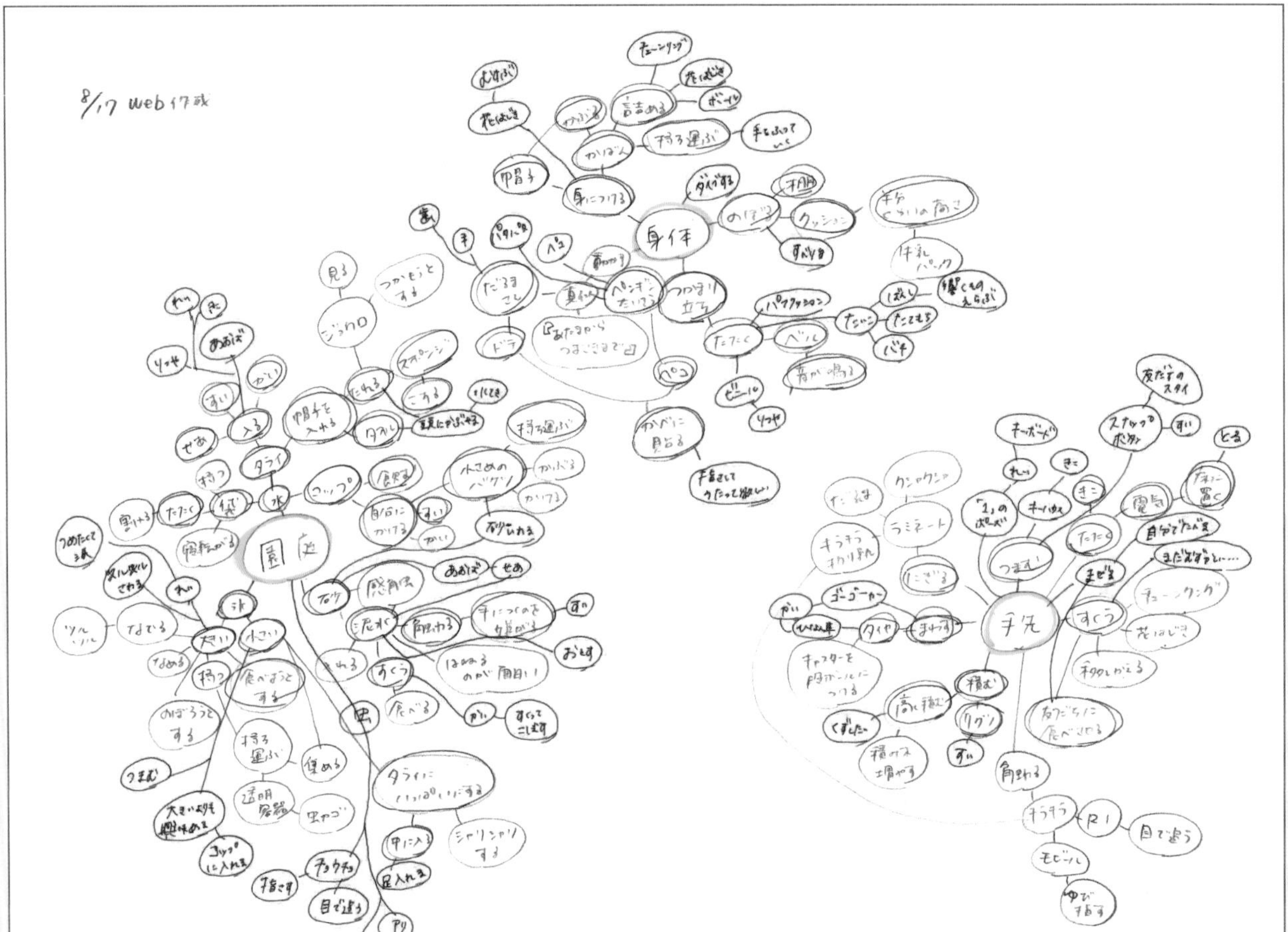

8月に新たに作成した保育ウェブ。

小さい氷だけを集めてコップに入れたり、手でつまんだり。子どもによっては、大きい氷をコップに入れたり、虫かごに入れて眺めたりする姿もありました。

　このように、作成した保育ウェブを仲立ちに、担任間で対話をすることで、「○○ちゃんは、△△にも興味があるみたい」など、子どもの育ちや学びにつながる情報を共有していきます。また、話をしているうちに、一人では思いつかなかったアイディアなどが出てきます。

保育ウェブで子どもを見る目を深める

　普段から、すき間時間に保育者同士で子どもの話をよくしていますが、保育ウェブ作成会議では、普段の対話の内容を一気におさらいしていきます。保育ウェブの中で、赤色で記しているところは、担任が予測していなかった子どもの姿です。青色で囲っているところは予測が実現した部分で、鉛筆がきのところは予測したけれど構成した環境などに子どもが興味を抱かなかった部分です。もし保育ウェブの中で、鉛筆がきと青色の囲みしかなかったら、保育者の予測が当たったか、当たらなかったかという目線でしか、子どもを見ていないのかもしれません。赤色が多いということは、子どもの実際の姿を柔軟に観察しているということ。子どもをよく見ていないと、赤色の部分は見過ごしてしまいます。

　保育ウェブ作成会議では、互いの見ていなかった子どもの姿を共有し、一人一人の子どもの本当にしたいことはなんだろうと理解するように努めています。それが、保育ウェブを作成したり、記録をとったりする意味であり、新任の保育者にも子どもを見るときのポイントとして伝わっていけばよいなと考えています。

氷がいっぱい！

氷をじっと見つめる子も

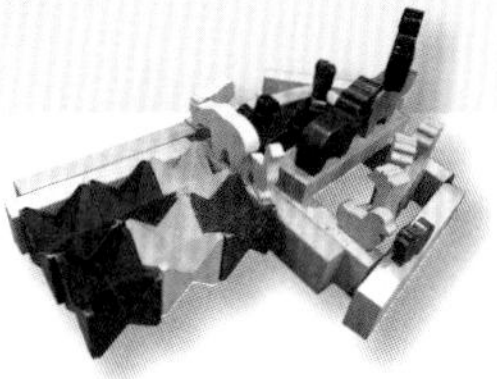

クラスを社会として可視化するのが保育ウェブ　妹尾正教

　ポートフォリオや個別の指導計画は、子どもを「個」としてとらえていますが、保育ウェブは、それらをもとに、公約数的なあそびや活動をトピックとし、クラスを社会としてとらえています。つまり、個人は「点」ですが、保育ウェブをかくことで、あそびや活動が「線」となり、クラスの全体像が浮かび上がってきます。また、保育ウェブであそびや活動を可視化することで、一人一人の子どもの姿や、クラスという社会の中での在り方が俯瞰的に見えてきます。誰とどんなふうにつながってあそびが広がっていっているのかが、ひと目見てわかるようになるのです。

　あそびや活動を「個」の視点で見ることも大切ですが、クラスを一つの社会として、ほかの子どもとのつながりや、ほかの子どもに触発されていることなども、考えていくことが大事です。

　また、可視化することで、どのような環境を構成すればよいのかも、具体的に見えてくるので、それを個別の指導計画に反映するという循環も生まれてきます。

仁慈保幼園

ポートフォリオ

一人一人に寄り添って丁寧に見る

2歳児クラスは、子どもが19人、保育者が4人のクラスです。梅の実を見つけたことから、ジュースやゼリー作りに発展していった様子と、その活動を通して成長していったシオリちゃんの事例をご紹介します。

梅の実拾いからジュース作りへ

5月中旬。園庭の梅の木に、実がたわわに実りました。2歳児クラスの子どもたちは、落ちている梅の実を拾って、「これ、何?」と担任に聞いてきました。「これは梅の実。梅干しって知っているかな?」と問いかけてみると、「知ってる!」という子どもも何人かいました。

2歳児クラスに「集まりの時間」はありませんが、夕方にみんなで集まってお茶を飲みながらお話をする時間を設けています。お茶の時間では、「今日は、何が楽しかった?」などと、あそびの時間を振り返ります。子どもから「梅の実拾い!」という話が出たので、「梅の実は梅干しやシロップ、ジャム、ゼリーなどになるんだよ」と伝えると、「おうちで梅ジュースを飲んだことがある」という子もいましたが、梅ジャムなどは知らない子もいました。

そこで、梅の実を使ってできるシロップやジャム、ゼリーなどの写真を保育室の中にはっておくと、「梅ジャムを作りたい!」という声が挙がりました。栄養士に聞くと、「ジャムは火を使うので、ちょっと危ないかも。梅シロップ作りならいいんじゃない?」とアドバイスが。クラスの子どもたちにその話を伝えると、「梅シロップを作って、みんなでジュースが飲みたい」と意見がまとまりました。

園庭で、「もう収穫できるかな?」と、梅の実を見つめる子どもたち。

買ってきた梅と園庭の梅の大きさの違いにびっくり。いい香りがすることにも気がついた。

園庭の梅を大事そうにつまむ。

いざ梅の実の収穫

梅シロップ作りにいちばん興味をもって、熱心に取り組んでいたのは、2歳8か月のシオリちゃんでした。子どもたちには、担任から「青い梅の実には毒があるので、少し色づくまでは収穫できない」ことを伝えてあったのですが、シオリちゃんは毎日梅の実を観察して、担任に報告をしに来てくれました。

シオリちゃんは、それまではどちらかというと積極的に行動するほうではありませんでした。でも、梅シロップ作りのときは、梅シロップの作り方がかかれた絵本を見て、自分なりに手順や用意するものなどを考えている姿がありました。そこで、そんなシオリちゃんの姿に注目して、ポートフォリオを書くことにしました。

6月になって、いよいよ梅の実を収穫。興味のある子だけが収穫に参加したのですが、シオリちゃんは、真っ先に園庭に出て一生懸命梅の実もぎを楽しみました。

園庭の梅は小粒な種類だったこともあり、全員分のシロップを作るのには少し量が足りません。そこで、大きさの違う梅の実も体験してもらおうと、近くのスーパーマーケットで売られているものを買って用意しました。

シロップ作りを楽しもう

いよいよシロップ作りの日。ヘタを取り、洗うのは子どもたちの担当。シオリちゃんはボウルなどの道具を運ぶのを手伝ってくれたりと、大張り切り。氷砂糖を入れて蓋をし、毎日瓶を転がして、氷砂糖が溶けるのを子どもたちは心待ちにしていました。

シオリさん（2歳8か月）

梅を取りたい！

2023.6.12　作成者：[redacted]

梅の実が落ちていたことをきっかけに梅に興味を持って、「梅を取りたい！」と話をしてくれました。青梅は毒がある可能性があるため、熟すまで待っていてほしいという話をしました。そして、毎日梅の実の色の変化を観察するほど梅を取ることに期待を膨らませていました。梅が熟して取れることになると、「梅取りに行く！」と目を輝かせながら取りに行きました。取った梅を大事に持つ姿もあり、梅への思いがとても強かったことを感じます。そして、その梅を使って梅シロップを作ることになりました。梅のヘタ取りは、みんながしているのを見ていることが多かったのですが、梅と氷砂糖を瓶の中に入れる作業をする時には、「[redacted]ちゃんもやる！」とやりたい気持ちを表現するほどでした。[redacted]くんが氷砂糖を入れながら「おいしくな～れ」と言っていると、それを聞いた[redacted]ちゃんも「おいしくな～れ～」と言いながら入れていました。[redacted]ちゃんにとって、梅は、取る事が一番の楽しさだったのかもしれません。しかし、梅シロップづくりを通して、食材への興味や、作ることの楽しさを感じられたらなと思います。梅シロップが出来ていく過程を一緒に楽しみながらも、その時の発見や感じたことをしっかりと拾っていき、みんなで共有できるようにしていきたいと思います。これからの梅の興味もどうなっていくのか楽しみです。

5.31　5.24

↑「梅がスーパーで売ってたよ」とみんなの前で教えてくれました。

6.9　6.12

雨の日

雨が降った日に園庭へ出て遊びました。カッパを園に持って来た日から、雨の日にカッパを着る事をとても楽しみにしていました。この日は、前日から雨が降り続いていたので、砂場に大きな池のような水たまりが出来ていました。それを友だちと発見すると、迷うことなく入っていきました。長靴の中に水が入ってきても嫌がることなく、「長靴の中にも水が入ってきちゃったよ～」と入ってきた水の感覚も足で感じていました。雨が降った事により、いつも遊んでいる場所がまた違った世界に見え、より楽しさを感じていたのかもしれません。みんなで、水たまりを走り抜ける楽しさ、長靴が濡れるいつもとは違う感触を楽しんでいたのだと思います。雨の日だからこそ出来る遊びをこれからも楽しんでいけたらと思います。また、雨をどのように感じ、楽しんでいるかを見守っていくと共に、楽しさを一緒に共感しながら遊んでいけたらと思います。

6.2　6.8

5.29

[redacted]くんが泣いている姿を見て、「[redacted]ちゃんこれがほしかったの？」と[redacted]くんの気持ちになって考え、ボールを渡していました。友だちの気持ちに寄り添える姿、とても素敵だと思います。

6.5

カレーライスの歌を歌いながら、ままごとでカレーを作っています。

梅の実に関するシオリちゃんの活動を記したポートフォリオ。

真剣な表情で、大きな瓶に梅と氷砂糖を交互に入れる子どもたち。

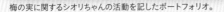

いよいよ梅ジュース作り

6月中旬に漬け込んで、8月には氷砂糖もすべて溶け、梅シロップは完成したのですが、この年は秋から病欠の子どもが多く、やっとみんなで梅ジュースを作れるようになったのが12月。それまでシロップは冷蔵庫で大事に保管していました。梅を漬けたころには、子どもたちから、散歩先で梅ジュースを飲みたい、大事に育てているナスやトマトの畑で飲みたいなどの意見が出ていたのですが、寒くなってしまったので断念。保育室でお茶会をすることになりました。このころには、夏に家庭で梅ジュースを作ったことのある子が数人いて、作る前にはその経験を話してくれた子どももいました。

今まであまり興味のなかった子どもたちも、梅ジュース作りでは「梅をすくうのをやりたい」と参加して、クラス全員が1回ずつ瓶からお玉で梅をすくうことに。シロップをざるでこして、栄養士さんにバトンタッチします。栄養士さんがシロップを給食室で煮沸し、水で薄めてジュースにしてくれました。もちろん、子どもたちは、やっと念願の梅ジュースが飲めて大満足でした。

シロップの半分は梅ゼリーに

梅ジュースでお茶会をすると決まった話し合いのとき、シオリちゃんが「夏

ボウルを運ぶお手伝い。

シロップの匂いをかいで「梅干しと似た匂い！」。

ざるでシロップをこしていく。

念願の梅ジュース！

シオリさん（3歳3か月）

2023.12.11　作成者：[redacted]

うめゼリー

夏前にうめ組で作っていた梅シロップを使って、うめゼリーを作りたい事を教えてくれました。お家で、梅ゼリーの作り方を調べてきてくれて、調べたことを夕方の集まりの時間にみんなに教えてくれました。最初は、緊張している様子でしたが、材料などは、思い出しながら伝える事ができました。作り方の工程は、保護者の方と家で書いてきてくれたものを、保育者と一緒に読みました。クラスの中では、「うめジュースにして飲む」という考えしかなかったので、「ゼリーにする」という発想を聞き、「ゼリー食べたい」という声が多く見られるようになりました。[redacted]ちゃんがゼリーの話しをしてくれた時に、「ジュースも飲みたい」という声も上がり、梅ジュースとゼリーにしていくことを決めました。やりたいと思った事を調べて、みんなに提案する姿は、これから先以上児クラスへ行っても必要な姿だと思います。その姿をこれからも大切にしていき、ゼリーを作るまでにどうしたら作れるのか、何が必要でどうしたら手に入るのかなと丁寧に一緒に考えて、作る事ができたらいいなと思います。うめゼリーを作って食べる日が楽しみです。

自分で閉める

散歩の準備をしている時に、以前までは、上着のチャックの箇所を「先生やって～」とお願いする姿がありました。しかし、一緒にやる回数を重ねていくと、一人で挑戦する姿が出てきて、一人で出来る回数が増えてきています。出来る様になってからは、「[redacted]ちゃんがする」と自分でやりたい気持ちを伝えてくれるようになり、どうしても出来ないときにだけ保育者に助けを求めるようになってきました。何度も諦めず、集中してやっていたからこそ、一人で出来る様になってきたのだと思います。一人で閉めれることが出来る様になってから、友だちが困っていると手伝う姿も見られるようになりました。[redacted]くんが「出来ない」というとすぐに「[redacted]ちゃんが手伝ってあげる」と手伝っていて、自分が出来る様になったからこそ、自信へとつながり、他人への思いやりに繋がっていったのだと思います。諦めずにやりぬく姿、他人への思いやりの気持ちをこれからも大切にしてほしいと思います。

はさみをしています。塗り絵をしたものを、はさみを使って切っています。ゆっくりと丁寧に集中しています。

ままごとのエプロンの紐や、三角巾をつけることも自分で何度も挑戦しています。りぼん結びが後少しで出来そうです。

梅ゼリー作りを通して成長したシオリちゃんの姿を書いたポートフォリオ。

におうちで梅ゼリーを作ったから、梅ゼリーを作りたい」と話してくれました。みんなも大賛成です。

シオリちゃんは、家庭で作り方を調べてきて、みんなの前で発表するなど、人一倍梅ゼリー作りに意欲的。梅ゼリーに使うゼラチンも、保育者と一緒に買いに行きました。

梅ゼリー作りは、火を使います。担任だけでは目が行き届かないことがあるかもしれません。そこで、日常の会話やポートフォリオを通して、シオリちゃんが梅の実にとても興味をもっていると知っていて、家庭でも作って作り方を熟知しているシオリちゃんの保護者が、当日お手伝いに来てくれることになりました。

梅ゼリー作りを経験したことで、今まで慣れたもの以外は口にしなかった子どもたちがいろいろな食べ物に挑戦するようになるなど、子どもたちにも変化が見られました。特にシオリちゃんは、それまで自分から提案するということがなかったのですが、梅ゼリー作りを提案したり、自分で考えて作り方や材料についてみんなの前で発表するなど、大きく成長した姿がありました。

ゼリーも
おいしい！

カップにそそいでいく。

梅シロップとゼラチンを混ぜて……。

保護者に書いてもらった作り方を、担任と一緒に発表するシオリちゃん。

ポートフォリオは、子どもの思いをより深く知るためのツール　妹尾正教

子ども主体の保育を考えたとき、子どもをよりよく知ろうとすることがとても大切です。子どもが何に興味・関心をもっているのか、どんな思いでいるのかを知らなければ、指導計画は、大人の思いだけの一方通行なものになってしまいがちです。

指導計画は、大人と子ども両方の思いや願いに寄り添っていなければならないものと考えています。あそびや活動のプロセスを通して、子ども自身が自分で考えたり、発見したり、工夫して、できたという思いがあってこそ、子どもは大きく成長していきます。環境を構成したり、仕掛けを作ったりして、その成長をサポートするのが保育者の役目です。ですから、保育者は言葉にはなっていない子どもの思いを最大限に引き出していく努力をしていかなければなりません。そして、子どもの姿から、子どもの思いをより深く知る手段として、ポートフォリオがあるのです。ポートフォリオを作成しながら、「このときの子どもは、どんな気持ちだったんだろう」と、深く省察することが大事です。

世田谷代田仁慈保幼園　保育ウェブ

子どもたちの発想から新たに広がる保育ウェブ

カブトムシを捕まえたい――。そんな子どもたちの願いがひと夏をかけた大きな作戦となりました。しかし、結末は意外な形になりました。

カブトムシを捕まえたい

　虫好きが多いばななグループの子どもたち。7月の下旬に「カブトムシを捕まえたい」という子どもたちが出てきました。以前から図鑑や絵本を見て、子どもたちはトラップを仕掛けてカブトムシを捕まえる方法に興味をもっていました。トラップは、紙コップにバナナを入れて、その上からもう1つの紙コップを逆さまに被せて、ガムテープで留め、紙コップの外にバナナの匂いが漂うように小さな穴を開けるというものです。

　そのトラップを園庭の木に吊り下げましたが、アリが何匹か入っていただけで、カブトムシは捕まりませんでした。

　そこで、「集まりの時間」に、「どうしてカブトムシは、トラップにかからなかったのか」という議題で話し合ってみることに。「カブトムシは夜行性だから、昼間にトラップの中を見たのがよくなかった」「バナナよりリンゴが好きだったのかもしれない」などの意見や予想が出る中で、マサちゃんが、「紙コップに開けた穴が小さすぎて、カブトムシが入れない」ということに気づきました。

第2作戦の開始

　それから何回か話し合いを繰り返し、「別の図鑑で見つけたペットボトルを使ったトラップを作る」「餌はバナナだけでなく、リンゴやカブトムシゼリーを入れる」「夜、トラップを見に行く」ということが決まりました。子どもたちは最初に紙コップのトラップを仕掛けたことを「第1作戦」、今度の作戦を「第2作戦」と名付けました。第1作戦のときはあまり考えていませんでしたが、今度はカブトムシの好きそうな木を調べ、園庭にカシの木を見つけ、その木にトラップを仕掛けることになりました。

　8月の初め、第1作戦を行った次の

図鑑で、ほかのトラップの作り方を調べる。

カブトムシはかかっていない……

かかりますように！

紙コップで作ったトラップを仕掛ける。

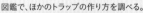

週、いよいよ第2作戦の決行です。「夜、トラップを確認したい」という子どもたちの意見を、ドキュメンテーションを通して保護者に伝えると、クラスのほとんどの保護者が協力してくれて、一度帰宅した後、子どもたちは7時半に園庭に集まりました。

合計で8つ、昼間に仕掛けたトラップを回収してみましたが、残念ながら1匹のカブトムシも捕まえられませんでした。

次の日の「集まりの時間」では、「夜、見に行ったのに」「園庭はみんなが走って土が固くなっているから、カブトムシが土の中から出てこられなかった」など、たくさんの意見が出てきました。

第3作戦の準備が始まる

第2作戦の次の日。子どもたちはすでに気持ちを切り替え、第3作戦を考えていて、「集まりの時間」にはさまざまな意見が交わされます。その中で、「園庭ではなく、大きな公園ならいるんじゃない?」という意見が出ました。地図を広げて公園を探してみると、園から近い大きな公園は2つ。どっちの公園に行くかという議論が始まりました。

さらに次の日の「集まりの時間」に、サクちゃんが「昨日、お父さんといろいろな公園を回ったけど、カブトムシはいなかった」という情報を伝えてくれました。ドキュメンテーションで子どもたちの虫への興味・関心を知ったお父さんが協力してくれて、サクちゃんは何か所もの公園に下見に行ったそうです。サクちゃんがまだ下見に行っていない公園は砧公園だけ。そこから「砧公園へ行こう」と、みんなの気持ちは一気に盛り上がりました。

新しいトラップをどんな形にするか、餌は何にするか、何時に砧公園に行くか、広い砧公園のどこにトラップを仕掛けるかなど話し合うことは山積みです。でも、すでに8月終盤。夏の虫が少しずつ少なくなってきていることに気づいていない子どもたち。

トラップは、第2作戦のときのペットボトルの中に餌を入れる形のまま、新たに餌や吊り下げ方などに改良を加えました。また、図鑑を調べているうちに触ったり刺されたりしたら危ない虫がいることを知った子が、「集まりの時間」にみんなに情報を伝えてくれました。

今度はカブトムシが好きそうなカシの木に、トラップを仕掛けた。

いなかった……

夜、園庭に集まってトラップを回収したが、中身は空っぽ。

ペットボトルでトラップ作り。

カブトムシが好きそうな園庭にある木も調べた。

第3作戦決行！

8月29日の夜7時すぎ、サクちゃん親子と保育者で、砧公園にトラップを仕掛けに行きました。本当は、夜も遅いので、大人だけで砧公園に行く予定でしたが、サクちゃんが全部をやり遂げたいというので、一緒に行くことになりました。

トラップを仕掛け終わった次の日の「集まりの時間」に、サクちゃんがトラップを仕掛けに行ったときに捕まえたコクワガタをみんなに見せてくれました。

今晩のトラップ回収への期待は高まります。

そして夜、砧公園の集合場所には、一度降園したクラスの親子のほとんどが勢ぞろい。みんなでトラップをのぞいてみると……。カブトムシはいませんでしたが、トラップの周りの木々、木の穴の中に5匹のクワガタとカマキリ、セミ、コオロギの姿が！　クワガタは、みんなで見ているうちに2匹逃げてしまったので、園には3匹のクワガタを連れて帰りました。

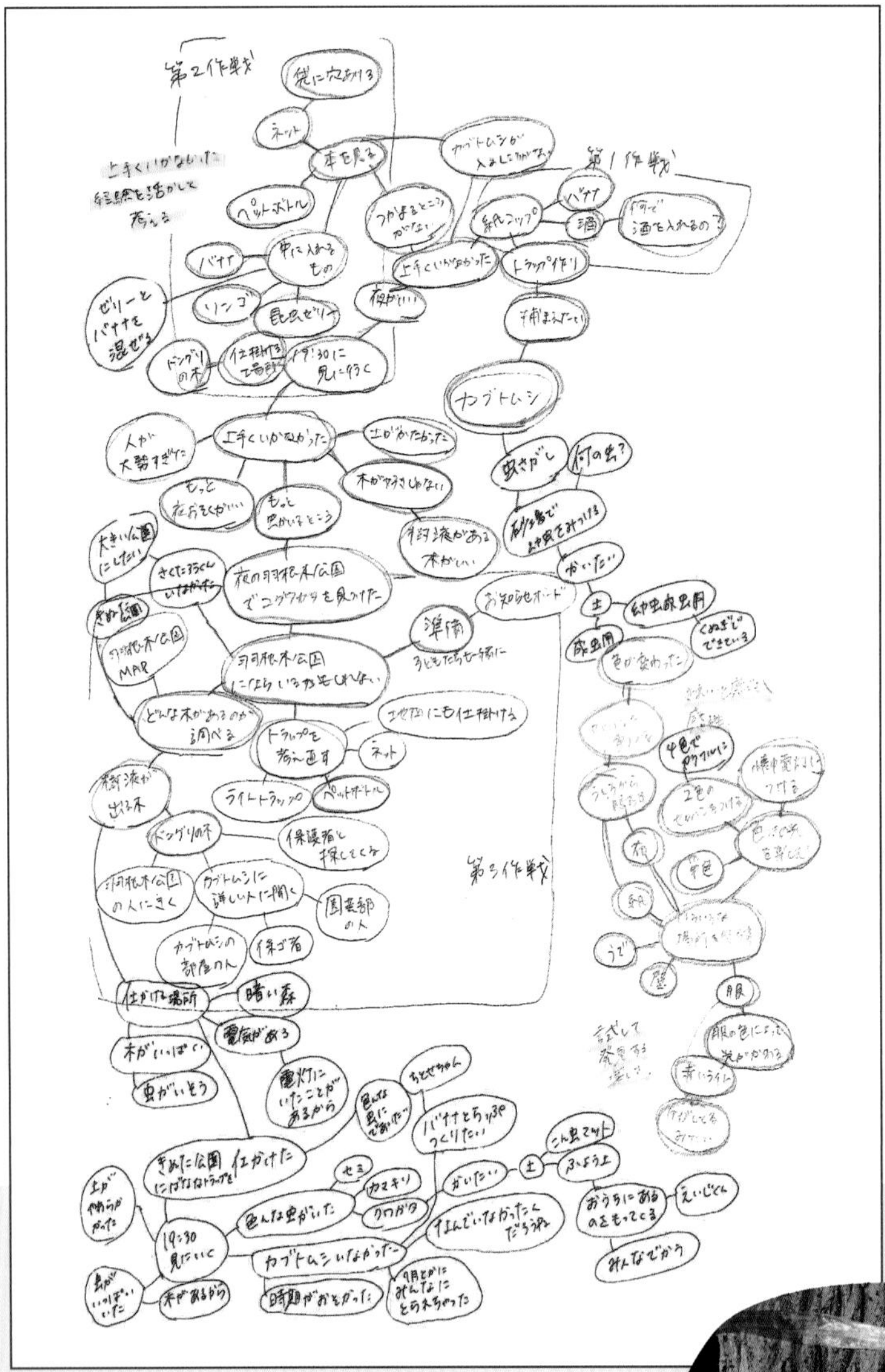

この事例の保育ウェブ。

トラップを仕掛けに行った夜の砧公園ではコクワガタ発見。

砧公園に仕掛けたトラップ。

カブトムシがいますように

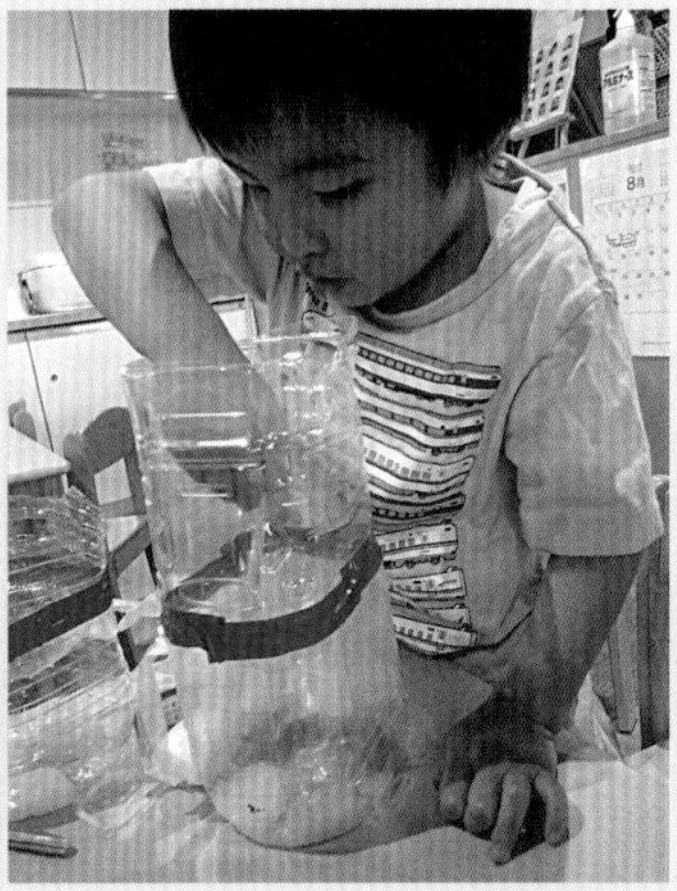

作戦のその後

3つの作戦を経て、やっと捕まえたクワガタは、クラスの宝となりました。それぞれが図鑑や絵本を調べて、どんな生育環境がよいのか、食べ物は何がよいのかと毎日考え、工夫していました。その時期の「集まりの時間」には、クワガタを家に持って帰って飼いたいという意見も出ましたが、ほかの子どもたちからは「3匹では、全員が持って帰れない」と反対意見が。最終的に「卵を産ませて、孵《かえ》った子どもをみんなが持ち帰る」という案に落ち着きました。

この虫に関する活動の最中も、担任は保育ウェブを作成していましたが、まさかクワガタを繁殖させるという予測は立てていませんでした。子どもたちの新たな着想から生まれた「卵からクワガタを育てたい」という活動が、今度は始まりつつあります。

※子どもたちの発想や活動に沿って、新たに広がっていった保育ウェブを、46〜49ページで紹介しています。

園庭で捕まえた幼虫への興味から、幼虫をモチーフにした製作も始まった。

園で飼うことになったので、クワガタのおうち作りが始まった。

振り返りの中で、「もっと早い時期でないと、カブトムシは捕まえられないのではないか？」という意見も出た。

クワガタを飼いたい！

捕獲したクワガタを自宅で飼いたい子が多く、「集まりの時間」で議論。

子どもの思いをどう保育に活かしていくか　妹尾正教

保育ウェブを作成する際には、今の子どものあそびや活動から、次のあそびや活動の予測を立てていきます。しかし、子どもから、保育者の予測していなかったアイディアや興味・関心が出てくることがあります。この事例で言えば、80ページの保育ウェブの赤い文字でかかれた部分です。子どもを主体として計画を立てていくということは、子どもの発想から生まれたあそびや活動をとらえ、さらにそこから保育者があそびや活動を予測して広げていくことだと考えています。保育者の予測にはなかったけれど、子どもがやってみたい、興味・関心をもったということであれば、そこに寄り添って一緒に探究することが必要です。子どもの発想を大事にとらえて、どう広げていくか――。それを考えて実行していくことが、柔軟さをもった計画であり、保育なのではないでしょうか。

そして、保育ウェブを振り返ってみると、そこには子どもの学びの軌跡が見えてきます。

仁慈保幼園

ドキュメンテーション

ごっこあそびから本物の魚釣りへ

毎日、掲示するドキュメンテーションを楽しみにしてくれている保護者たち。保育にさまざまなアイディアを提供してくれる最高の応援団です。

ブロックでの魚作りからごっこあそびへ

ブロックで魚を作っていたソウちゃんは、家族と魚釣りに行った経験があったことから、作ったブロックの魚で魚釣りごっこをすることにしました。魚と紙を丸めて作った釣りざおに磁石を取り付けましたが、釣りざおはすぐに壊れてしまいます。試行錯誤を繰り返し、素材置き場から持ってきた丈夫な紙筒とタコ糸を使ったことで、上手に魚が釣れました。その様子を見て、数人の子どもたちが魚釣りごっこに参加するようになりました。

ドキュメンテーションでそのことを発信すると、釣り好きの保護者が魚の写真のデータをくれました。プリントした紙にラミネート加工をして作った魚は、本物みたい。その魚を使ってあそぶうちに、子どもたちから「本物の魚を釣ってみたい」という声が挙がるようになってきました。

ブロックで作った魚を、磁石で釣り上げるあそび。

魚の写真を切り抜く。

「集まりの時間」に、釣りざおを見せながら、「釣りに行きたい」と提案。

釣りに行きたい！

切り抜いた写真をラミネート加工して、魚釣り。

はじめての魚釣り

園のすぐ近くには、川や淡水と海水が入り混じった汽水湖があります。ソウちゃんたちが、「集まりの時間」に「魚釣りに出かけたい」と相談すると、みんなも賛成してくれました。さっそく、ごっこあそびで使った磁石の付いた釣りざおを持って出発です。

岸から汽水湖をのぞくと、魚影が見えるところがあったので、釣りを開始。しかし、糸をたらすと、魚は逃げてしまいます。

夕方の「集まりの時間」に、「どうして魚が釣れなかったのか？」という話し合いをしました。「本物の魚には磁石が付いていないから」「餌がいるんじゃない？」「糸が透明じゃないから、魚に見えてしまった」など、さまざまな意見が交わされました。

紙筒で作った釣りざおを持って、釣りに出発。

魚が釣れない……

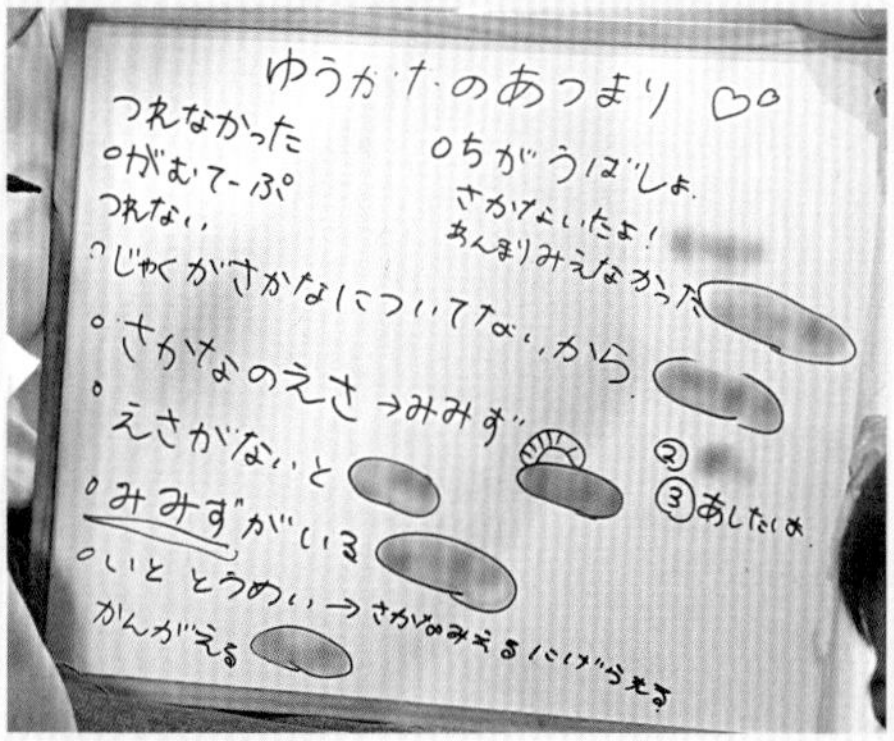

夕方の「集まりの時間」に、どうして釣れなかったのかを考えた。

中海に魚釣りに行きました

2021 6.17(木)作成者[illegible]

筒の棒と磁石を繋げた釣り竿を持って‥

[illegible]君が魚がいると予想する魚釣りの場所に行きました

赤い橋を越えた場所

黒い魚の尻尾を発見

竿の海へと向けて磁石を海へと沈めました

静かに待ちましたが釣れません

魚釣りごっこの遊びから、[illegible]君と[illegible]君と[illegible]君の3人は「この釣竿を使って、本物の魚を釣ってみたい」「赤い橋を越えた場所の海で魚釣りをしたい」とみんなに意見を出して魚釣りに行くことにしました。[illegible]君は「この釣竿は、長いから魚は釣れると思う」[illegible]君は「魚が磁石を食べて(エサ)釣れると思う」と予想して、釣れたら「バケツに入れて持って帰りたい」「魚が滑るから雑巾がいる」と言って、用意も持って出発しました。遊歩道を歩き中海沿いを歩くと、大きな中海が見えてきて「海が見えてきたよ」と[illegible]君が案内して、石垣沿いを歩いていくと、黒い魚の尻尾のような物を発見して「魚がいたよ」と[illegible]君達が教えてくれて、釣竿を持ち糸を中海の中に投げ入れました。[illegible]君が「みんな静かにしないと魚が逃げていくよ」と言って、みんな静かにして、3人の釣竿を見ていましたが、黒い魚のような影は全く動かず、釣ることはできませんでした。

もう一匹魚を発見‥今度は、魚が逃げて行きました

帰りに、[illegible]君が「止まってる魚がいるよ」と言って、黒い模様と黄色の魚を発見して、石垣の上から、釣竿を持ち糸を魚に投げ入れました。磁石が魚の口に近づこうとした瞬間、魚が、逃げて行ってしまい「魚が逃げた」と言って残念そうでした。

魚釣りの様子を伝えるドキュメンテーション。

釣りざおの改良と釣具店

休みの日に家族で釣りに行ったソウちゃんは、その経験と「集まりの時間」で話したことを念頭に、再度釣りざお作りに挑戦。糸はタコ糸ではなく、透明なテグスを使い、針は針金を使って作りました。さおはほかの子からのアイディアで、細い竹を使うことにしました。

餌は「ミミズを使いたい」と言いますが、ミミズはどうやったら手に入るかと思案顔。ドキュメンテーションなどから活動の一連の流れを知っている保護者数人が、「園の近くに釣具店があって、そこで餌を売っている」と教えてくれたので、釣具店に出かけてみることになりました。釣具店では、店員さんが餌のこと、魚が釣れる場所や季節について、わかりやすく教えてくれました。

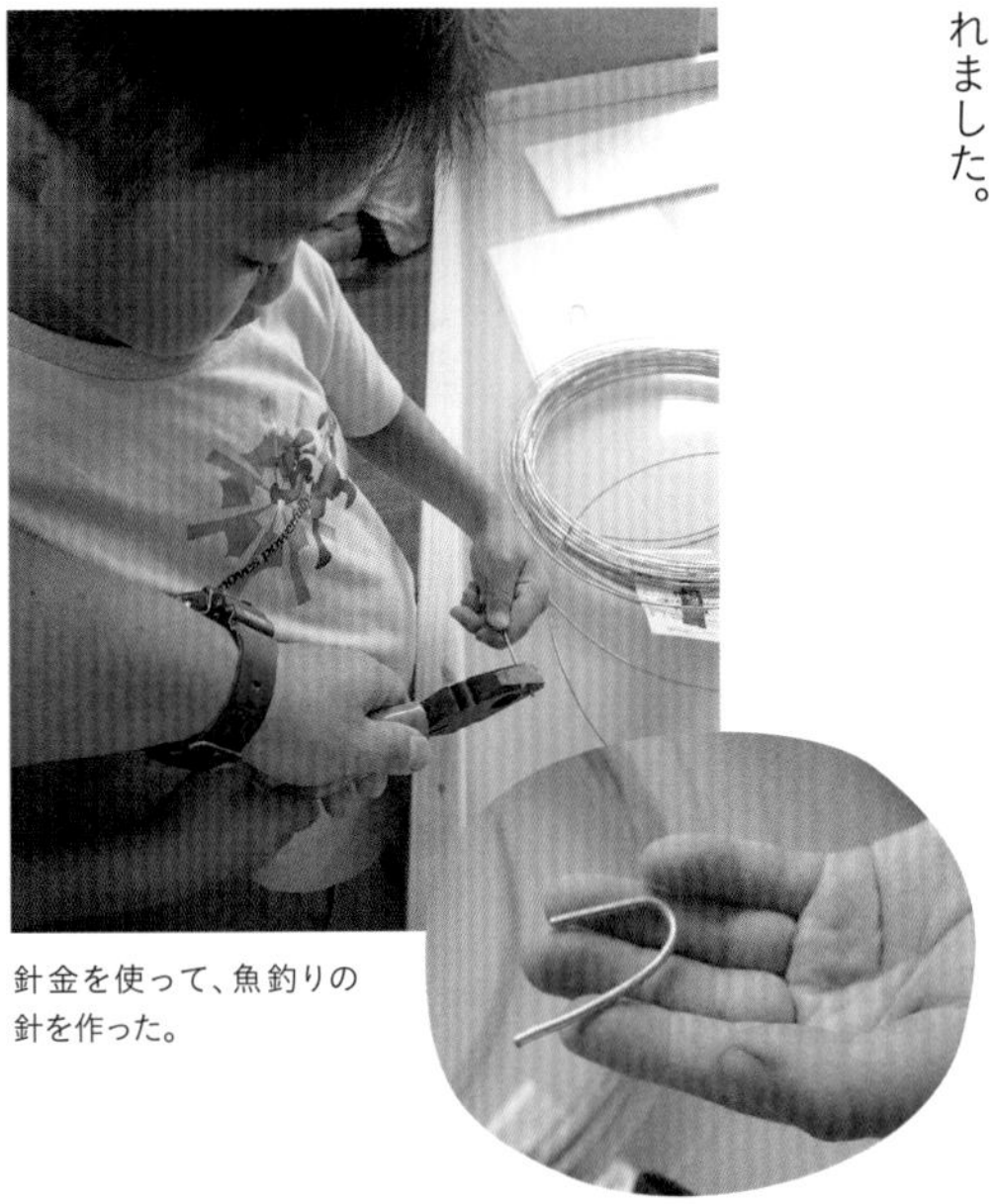

針金を使って、魚釣りの針を作った。

設計図をかきながら、「どんな釣りざおにすれば、魚が釣れるか」を考慮中。

釣り糸は、透明なテグスを使って。

うまく釣れるかな？

作った釣りざおで、写真で作った魚がうまく釣れるかテスト。

釣具店に、どんな餌があるのか聞きに行った。

2度目の魚釣りでの出会い

新しく作った釣りざおを使い、園庭で魚釣りごっこを楽しんだ子どもたち。「今度は絶対に魚が釣れる」と、自信満々です。

10月のある日、釣具店で餌を買い、2回目の魚釣りに出かけました。釣具店の人に聞いた魚がたくさんいるというポイントで、釣り糸をたれますが、釣り糸がプカプカ浮いてしまいます。魚の姿は見えるのに、なかなか針にかかりません。

ちょうどそのとき、近くで釣りをしていたおじさんが子どもたちに話しかけ、釣った魚を分けてくれました。子どもたちは、そのおじさんに「自分たちの釣りざおでは、どうして魚が釣れないの?」と質問。おじさんは、「重りを付けないといけない」「針が太すぎる」「さおは3mくらいの長さじゃないと」など、いろいろなことを教えてくれました。

帰り道、リョウちゃんは「魚がもらえたのはうれしいけれど、自分で釣れないのはくやしい」と、話していました。そうやって、園への道を歩いていると、道端に長い笹が落ちているのを発見。「この笹なら釣りざおになるかもしれない」と、園に持ち帰ることになったのでした。自分たちの手で魚を釣りたいという思いは、どんどん大きくなっていきました。

本格的な釣りざおの完成

数日後、特に魚釣りに熱心なソウちゃんとリョウちゃんが、保育者と一緒に、魚の餌を買いに行った釣具店へ。針や重り、浮きや釣り糸を買いに出かけました。必要な道具の値段調べはもう終わっていたので、お店に入るとすぐに品物をかごに入れ始めます。

最後に釣具店の人に自分たちのイメージした釣りざおについて話すと、「そのやり方で大丈夫」と太鼓判。

園に帰ってから、自分たちがかいた設計図をもとに、釣りざお作りをする子どもたちでした。

釣具店で、浮きや針など、必要なものを調達。

自分で書いたメモを見ながら、購入していく。

おじさんとの出会いで、さまざまなことを教えてもらった。

魚が釣れた！

11月の中旬、3回目の釣りに出かけました。子どもたちは、「今度こそ、魚が釣れると思う」と期待でいっぱいです。

汽水湖に到着して岸から下をのぞくと、魚がたくさん泳いでいるのがわかります。

ソウちゃんが針に餌を付けて釣りを開始すると、すぐに魚がパクッと餌に食いつきました。「浮きが動いているよ！」、ソウちゃんが釣りざおを振り上げると、10cmほどのハゼがかかっていました。「やった！　魚が釣れた！」と、みんな大喜び。自分たちではじめて本物の魚を釣ることができました。

魚がいちばん釣れるのは、秋だそうです。今年のシーズンはもう終わり。子どもたちは、「来年の秋は、魚をいっぱい釣って、料理をして食べよう」と話し合っています。

餌は、保護者に付けてもらった。

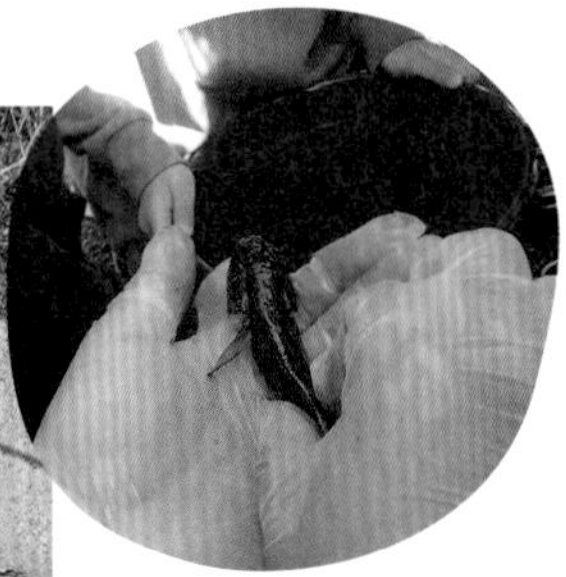

小さいけれど、はじめて釣れた魚は宝物。

保育を知ってもらうことで、保護者からも発信してくれる　妹尾正教

以前から日誌などで保育の記録は取ってきましたが、それは保育者のための記録でした。ドキュメンテーションを掲示して、保護者に園の保育を理解してもらえるようになったのは大きな変化でした。また、ドキュメンテーションを保護者や子どもと共有することで、保護者同士、保護者と保育者、保護者と子どもなど、さまざまな対話が生まれました。子どもの話だけだと今一つわからなかったことが、ドキュメンテーションを読んで、省察を含んだその日のあそびや活動を保護者が知ることによって、子どもの興味・関心を深く理解し、子どもの活動を応援してくれるようになっていきます。子どものあそびや活動に添った専門知識や経験のある保護者は、「自分の知識・経験が役に立つかもしれない」と、自分から保育に参加してくれます。よくある保育参加のように、園から「来てください」とお願いするのではなく、主体的に活動に参加したいと願うようになっていきます。

仁慈保幼園　ドキュメンテーション

保護者を巻き込むドキュメンテーション

子どもたちの日々を記録して、子ども理解を深めるために活用しているドキュメンテーションは、保護者と園の保育観やあそび・活動を共有するためのツールでもあります。

「きれいな畑」を作りたい

りんごグループでは、毎年、夏野菜を栽培する活動が続いています。とはいえ、夏野菜の栽培が、年間指導計画などで決められているわけではありません。３・４・５歳児の異年齢保育なので、５歳児が卒園してしまっても次の年度の子どもたちが前年度に栽培でうまくいかなかったところを改善して、再び挑戦しよう、となるのです。そうやって、技術や文化が年々引き継がれてきています。

この年も、キュウリを植えて生長を楽しみにしていた7月。5歳児のミクちゃんから『きれいな畑』を作りたい」という提案がありました。よくよく思いを聞いてみると、「畑に野菜を植えるだけでなく、花壇のように畑の周りもきれいにしたい」。今までは、「畑＝育てる」という発想でしたが、畑自体をすてきにしたいというのは、ちょっとベクトルの違う考えです。

そこで、よりミクちゃんのイメージを膨らませたいと、保育者が一緒にホームセンターへ行くことにしました。ホームセンターでは、畑を囲むためのレンガやライト、陶器の人形やポットなど、畑作りに役立ちそうなさまざまなものを見つけました。植物の売り場には、虫よけになるハーブの苗なども売っていて、ミクちゃんは自分の理想の「きれいな畑」について、いろいろ考えを巡らせているようでした。

栽培や畑作りに興味をもつ子が多かったので、保育室に関連する本や子どもたちのイメージ画を置き、コーナーを作った。

ミクちゃんが描いた「きれいな畑」のイメージ。

園庭の一角にあるりんごグループの畑。

畑の場所はどこにする？

最初は、今までりんごグループが使っていた場所とは違うところに「きれいな畑」を作ろうと考えていたミクちゃん。保育者と一緒に園庭を回ってみましたが、なかなか気に入った場所が見つかりません。

ちょうどそのころ、りんごグループの畑は夏野菜の収穫が終わり、荒れ放題になっていました。荒れた畑を見たミクちゃんは、この畑を「きれいな畑」にしたいと、「集まりの時間」にイメージ画を見せながら相談すると、みんな大賛成してくれました。

その後も、話し合いが何回かもたれて、「雨などで土が流れ出ないように畑を囲っている木枠を取り去ってレンガにする」ことや、「きれいになった畑に作物を植える」ことなどが決まりました。

レンガは何個？

まずは、畑の周りをメジャーで測り、畑の大きさを知ることから始めました。それから、数人の子どもと保育者とでホームセンターにレンガと木枠に使う板を見に行き、値段や大きさを確認しました。

子どもたちも、お金は無限にあるわけではないと知っていて、「あんまりいっぱい買うと、園長先生のお金がなくなっちゃう！」と、畑の周りにレンガがいくつ必要かを一生懸命計算する姿も見られました。試行錯誤の末、ぼろぼろになった木枠は新しい木枠に入れ替えて、見えるところをレンガで囲うことに決まり、いよいよ工事が始まります。

畑の寸法は？

畑の寸法をメジャーで測ってみた。

活動の様子をドキュメンテーションで紹介することで、保護者も保育により関心をもってくれる。

ホームセンターで、木の板が畑の寸法に足りるかどうか測ってみる。

保護者にSOS！

数日後、古い木枠を抜くために畑を掘り返そうとする子どもたち。しかし、深いところの土はとても硬くて、子どもたちの力ではなかなか掘り起こせません。どうしようかと思っていたら、子どもの中から「大人の力を借りよう！」との声が。さっそく、畑作りにいちばん積極的だったミクちゃんとハナちゃんが、保護者に向けて手紙を書くことになりました。

書いた手紙は、経緯を説明したドキュメンテーションとともに、保育室の目立つところに掲示。いつもドキュメンテーションで、保育者があそびや活動の様子を保護者に伝えていたり、それを読む保護者の姿を見ている子どもたちなので、自分たちの思いを手紙に書いて保護者に読んでもらおうという発想になったのでしょう。

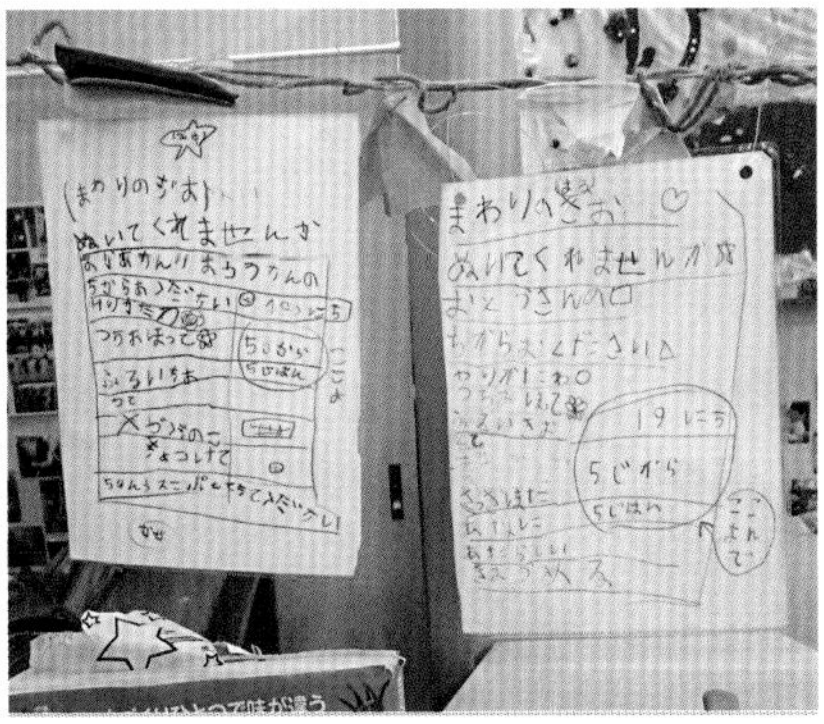
子どもたちが保護者に向けて書いた手紙。

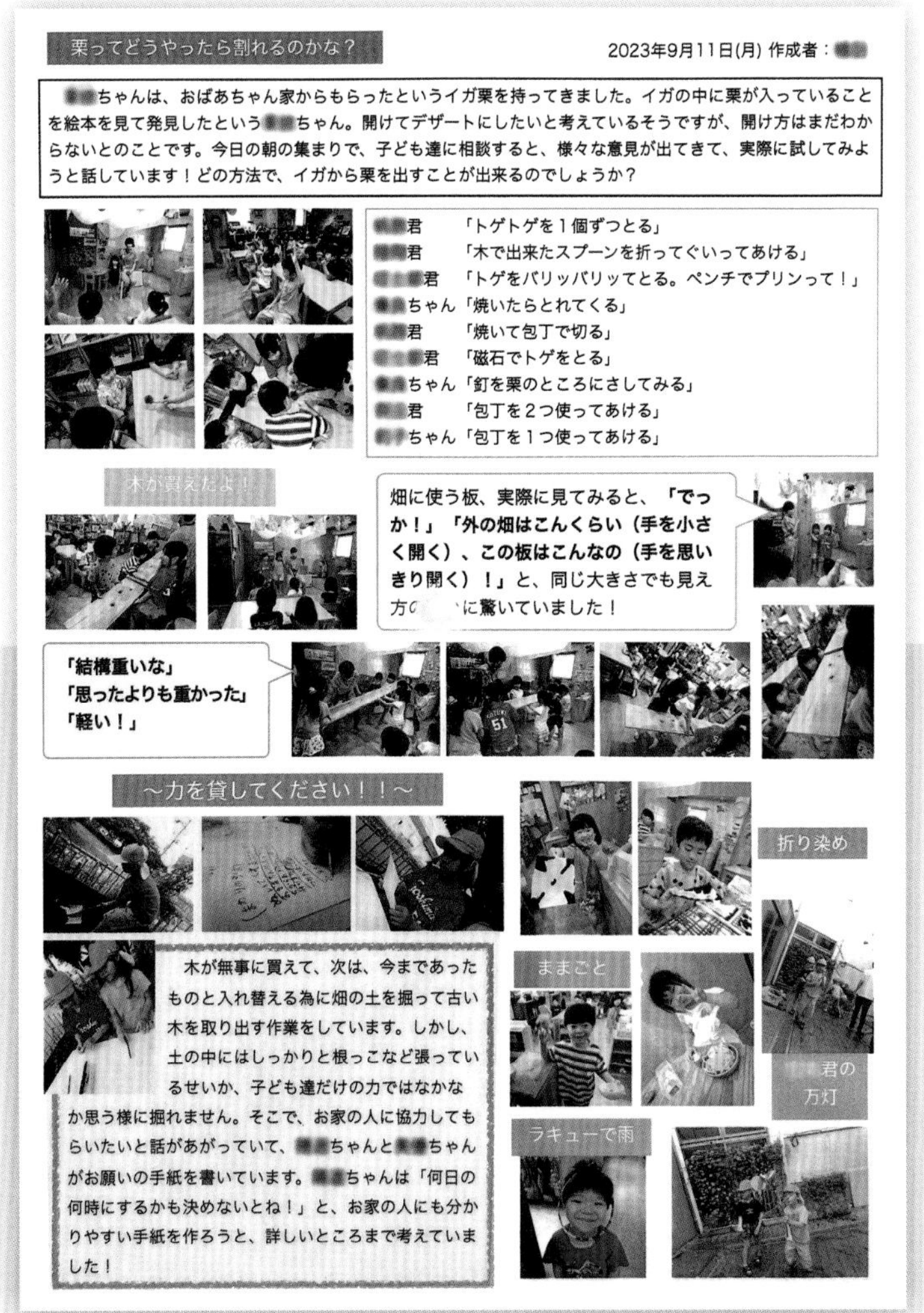

栗ってどうやったら割れるのかな？　　2023年9月11日(月) 作成者：[illegible]

[illegible]ちゃんは、おばあちゃん家からもらったというイガ栗を持ってきました。イガの中に栗が入っていることを絵本を見て発見したという[illegible]ちゃん。開けてデザートにしたいと考えているそうですが、開け方はまだわからないとのことです。今日の朝の集まりで、子ども達に相談すると、様々な意見が出てきて、実際に試してみようと話しています！どの方法で、イガから栗を出すことが出来るのでしょうか？

[illegible]君　「トゲトゲを１個ずつとる」
[illegible]君　「木で出来たスプーンを折ってぐいってあける」
[illegible]君　「トゲをバリッバリッてとる。ペンチでプリンって！」
[illegible]ちゃん「焼いたらとれてくる」
[illegible]君　「焼いて包丁で切る」
[illegible]君　「磁石でトゲをとる」
[illegible]ちゃん「釘を栗のところにさしてみる」
[illegible]君　「包丁を２つ使ってあける」
[illegible]ちゃん「包丁を１つ使ってあける」

木が貰えたよ！

畑に使う板、実際に見てみると、**「でっか！」「外の畑はこんくらい（手を小さく開く）、この板はこんなの（手を思いきり開く）！」**と、同じ大きさでも見え方の[illegible]に驚いていました！

「結構重いな」
「思ったよりも重かった」
「軽い！」

～力を貸してください！！～

木が無事に貰えて、次は、今まであったものと入れ替える為に畑の土を掘って古い木を取り出す作業をしています。しかし、土の中にはしっかりと根っこなど張っているせいか、子ども達だけの力ではなかなか思う様に掘れません。そこで、お家の人に協力してもらいたいと話があがっていて、[illegible]ちゃんと[illegible]ちゃんがお願いの手紙を書いています。[illegible]ちゃんは「何日の何時にするかも決めないとね！」と、お家の人にも分かりやすい手紙を作ろうと、詳しいところまで考えていました！

折り染め

ままごと

[illegible]君の万灯

ラキューで雨

手紙のことを説明したドキュメンテーション。

なかなか
掘り進まない

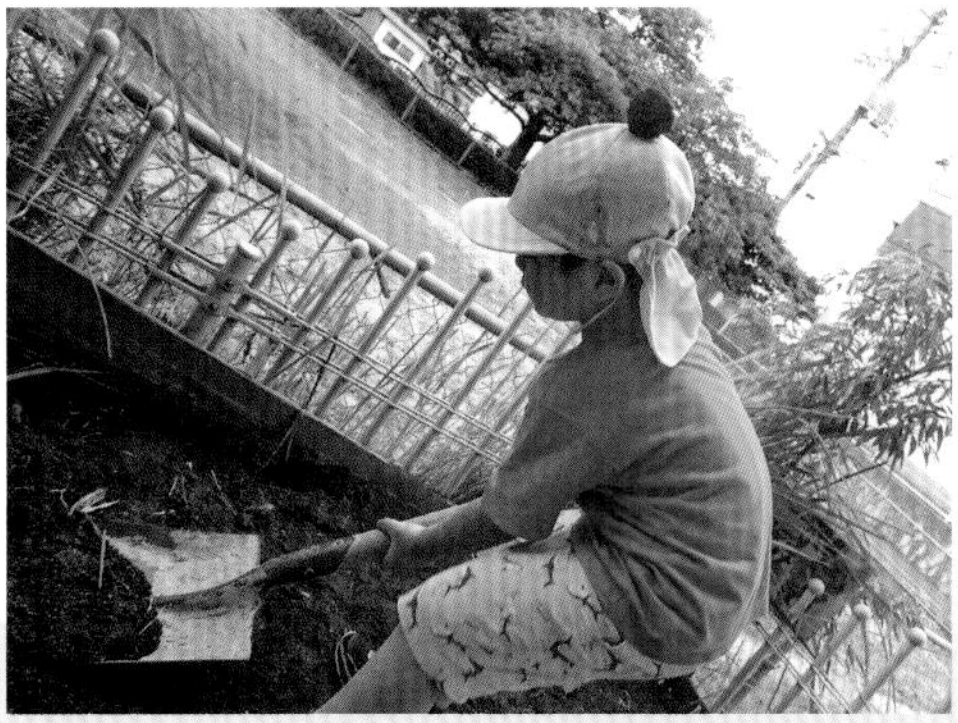
土が硬くて、子どもたちの力ではなかなか掘り進まない。

保護者に手紙を書く。

保護者のパワーにびっくり

畑を掘り起こすことにした当日、手紙を読んで都合をつけてくれた数人の保護者が来園。りんごグループの子のお兄さんやお姉さん（卒園児）も一緒に来てくれました。

さっそく畑を掘り始めると、子どもたちは保護者のパワーにびっくり。お兄さんやお姉さんたちも、畑の周りの草刈りをしてくれるなど、大活躍です。クラスの子どもたちも、掘り起こした土から出てきた根っこを片付けるなど、積極的に自分たちのできることをお手伝い。あっという間に硬い土はフカフカになり、新しい木枠も入りました。

数年間、新型コロナ流行の影響でこのような催しがなかったので、保護者も楽しんで参加してくれたようです。後日、数人の保護者から「仕事の都合で行けなかったけど、行きたかった」という声もいただきました。

レンガを立てるには？

いよいよ畑の周りをレンガで囲みます。レンガはパズルのように組み立てる形をしています。しかし、レンガを買ってきて並べてみると、置くだけではすぐにパタンと倒れてしまいます。そこで、クラス全員に実際の様子を見てほしいと、ブルーシートを敷いて、畑の前で「集まりの時間」を行い、どうやったらレンガが倒れないかを相談しましたが、結論が出ません。「おうちの人に聞いてきてほしい」とミクちゃんがみんなにお願いして、その日の「集まりの時間」は終了しました。

数日後、セイちゃんとミクちゃんが、レンガ用の接着剤があることを報告。ドキュメンテーションを読んで、子どもからの話を聞いたミクちゃんの保護者が協力してくれて、ミクちゃんと一緒に近くのホームセンターで売られていることを確認してくれました。

保護者が畑の土を掘り起こしてくれたときのドキュメンテーション。

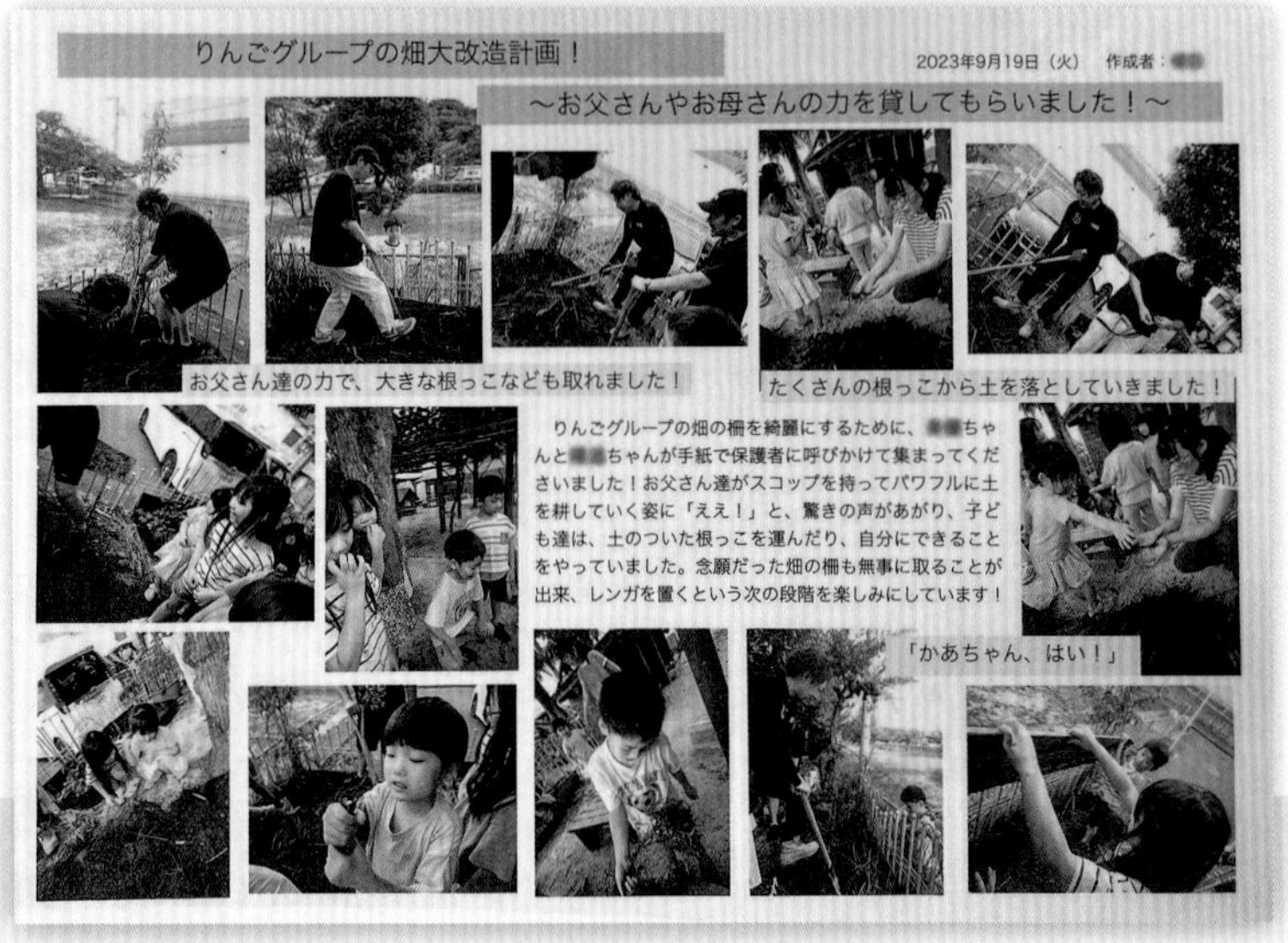
りんごグループの畑大改造計画！

2023年9月19日（火） 作成者：[redacted]

～お父さんやお母さんの力を貸してもらいました！～

お父さん達の力で、大きな根っこなども取れました！

たくさんの根っこから土を落としていきました！

りんごグループの畑の柵を綺麗にするために、[redacted]ちゃんと[redacted]ちゃんが手紙で保護者に呼びかけて集まってくださいました！お父さん達がスコップを持ってパワフルに土を耕していく姿に「ええ！」と、驚きの声があがり、子ども達は、土のついた根っこを運んだり、自分にできることをやっていました。念願だった畑の柵も無事に取ることが出来、レンガを置くという次の段階を楽しみにしています！

「かあちゃん、はい！」

花壇縁

ホームセンターへ、レンガを買いに行く。

園長先生に、レンガを買いたいと、自分たちで説明。

畑を実際に見ながらの「集まりの時間」。

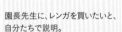

いよいよ囲い作り

そうやって、試行錯誤を繰り返し、保護者の力も借りて、いよいよレンガで畑を囲う作業です。畑をレンガで囲うと高さが出るので、階段も作ることに。実際にレンガを重ねて置いてみて、高さを考えながら、作業をしていました。

もうすぐ「きれいな畑」が完成

畑の土台が完成したのは、9月末。ミクちゃんを中心に畑作りを進める子どもたちとは別に、図鑑を調べてこの季節に何を植えるかを考えている子どももいました。10月に、何を植えるかをみんなで相談したところ、イチゴとゴボウ、コマツナを植えることに決まりました。後は種や苗を買ってきて、種をまき、植えるだけ。その後、ゴボウやコマツナが芽を出してイチゴが育って実をつけたとき、やっと思い描いた「きれいな畑」が完成します。

クラスの子どもの中には、畑作りの参考になればと思って保育室に置いておいた本から、木工に興味をもった子どもたちもいます。そのことをドキュメンテーションに書くと、木工を仕事にしている保護者が、端材をくれることになりました。今度は、木で椅子を作りたいと、新たな興味・関心が膨らんでいます。

レンガの階段を試してみる。

どうやってレンガを積めば、階段ができるかな？

周りにレンガを積んだ畑の様子。

日常的に保護者が保育に参加する文化　妹尾正教

毎日掲示してあるドキュメンテーションを、子どもたちは見慣れているからでしょうか。子どもたちは自分たちの力で解決するのは難しいと思ったことについて、保護者に向けて手紙を掲示し、協力をお願いしました。子どもの手紙だけではわかりづらいことは、保育者がドキュメンテーションで保護者に説明します。

この事例のように、仁慈保幼園では、イベントではなく、日常の活動の延長として保護者が保育に参加してくれることがよくあります。ドキュメンテーションを通して、普段から保護者が子どものあそびや活動を知り、子どもや保育者のおもしろがっていることに共感してくれているからこそ、「ちょっと時間があるから、手伝ってみようかな」という気持ちで、子どもの願いに応じてくれているのではないでしょうか。

二十余年、ドキュメンテーションを続けていくうちに、子どもも保護者も保育者も、一緒に育ち合うことを楽しめる文化が醸成されてきたのではないかと考えています。

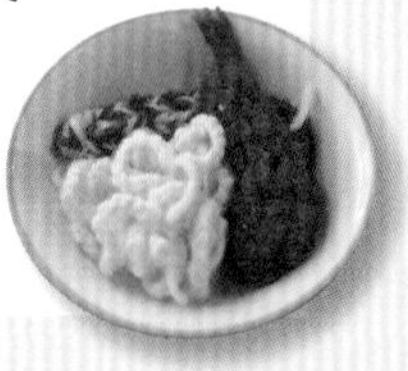

多摩川保育園

「集まりの時間」

子ども同士の対話が生む興味・関心の広がり

朝と夕方にある「集まりの時間」。子どもたちは、どんなことを話し合い、興味・関心を広げていくのでしょうか。

ハルミちゃんからの手紙

昨年度から「手紙」に興味をもっていたすみれグループの子どもたち。

5月初旬、3月に卒園したハルミちゃんから、クラスのみんなに宛てて手紙が届きました。

夕方の「集まりの時間」に、担任はハルミちゃんからの手紙のことを話題にし、「手紙って、どんなものか知ってる?」と子どもたちに投げかけてみました。すると、「手紙を書いて、封筒に名前と住所を書いてポストに入れると届く」「遠くにいる人とか、会えない人とかに気持ちを伝えられる」「誰から手紙が来たかわかるように、自分の名前も書いておくんだよ」「切手をはらないといけないんだよ」と、5歳児が今までの経験からみんなに知っていることを教えてくれました。その後、5歳児の子どもたち数人で、ハルミちゃんに手紙を書こうと話し合っていました。

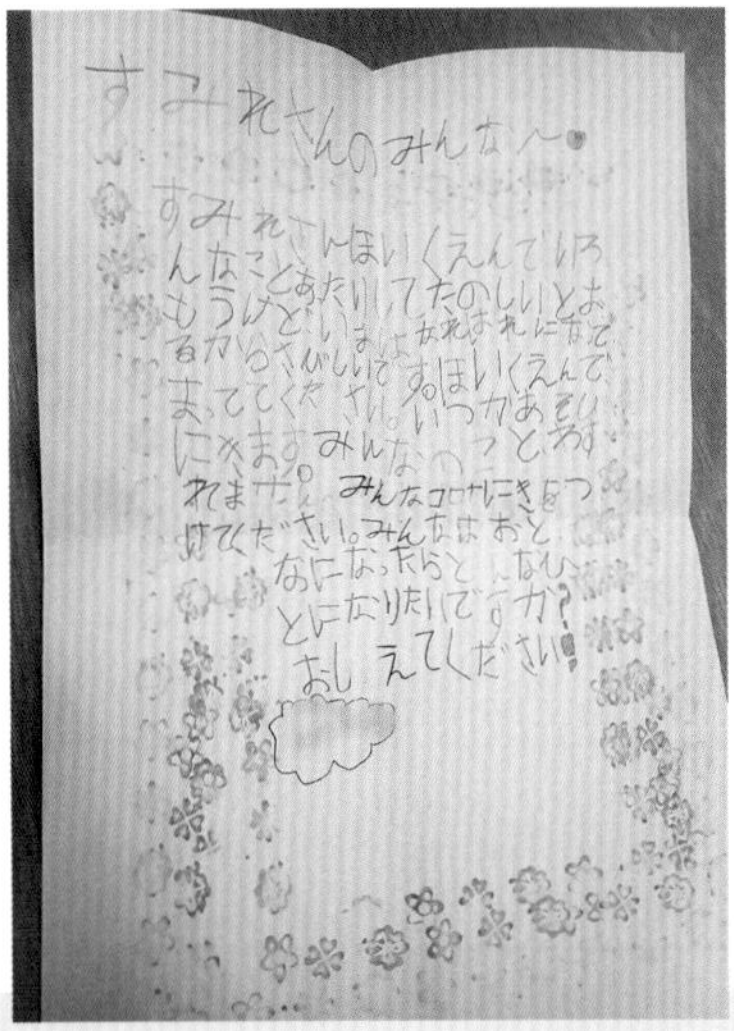

ハルミちゃんからの手紙。

ハルミちゃんから
手紙が来た！

ハルミちゃんから届いた封筒を、「集まりの時間」にみんなに見せる。

五十音表を見ながら、保育者に出す手紙を書く。

事務室用のポストを作る。

広がる手紙への興味

ハルミちゃんから来た手紙をきっかけに、すみれグループでは手紙あそびがさらに盛り上がりを見せました。

保育室の中にも、クラスの子ども同士や担任と子どもがやり取りをするためのポストがあります。「自分宛ての手紙が来るといいな」と思っている様子のルリちゃんに、「手紙を書いたら返事が来るかもしれないよ」と保育者が伝えると、「タキ先生、もうすぐ結婚でしょ。だから『おめでとう』って（伝えたい）」などと、違うクラスの保育者に手紙を書く姿がありました。「でも、タキ先生はお手紙来てるか、わからないんじゃない？」という子に、「先生たちは事務室に行くから、事務室に（ポストが）あれば、手紙が来ているかわかるかも」という子が。ルリちゃんは、さっそく事務室のポスト作りを始めます。

保護者に手紙を書く子どもたちもいました。文字がまだ書けない子どもは、保育者が口述筆記をし、それを子どもが見ながら文字を書き、手紙を絵やテープで飾り付けます。五十音表を見ながら、きれいな字を書こうと頑張る子どももいました。

日ごろの活動の様子は、ドキュメンテーションで保護者に発信をしていましたが、保護者会でも子どもたちの様子を話し、「子どもたちに伝えたいことがあれば、ぜひ手紙を送ってください」と伝えたところ、何人もの保護者が協力してくれました。

また、別の日の「集まりの時間」には、メイちゃんがタイから来た手紙を園に持ってきて、みんなに見せてくれました。手紙に興味をもったメイちゃんが、保護者と相談してタイにいる親戚に手紙を出したら、いろいろなタイの切手を入れて、返事をくれたそうです。その後、「タイに手紙を送るには、どうすればいいの？」「ポストに入れた後は、郵便局の人が直接タイまで持っていくの？」など、話が盛り上がりました。メイちゃんは切手の柄や大きさを一生懸命説明していました。

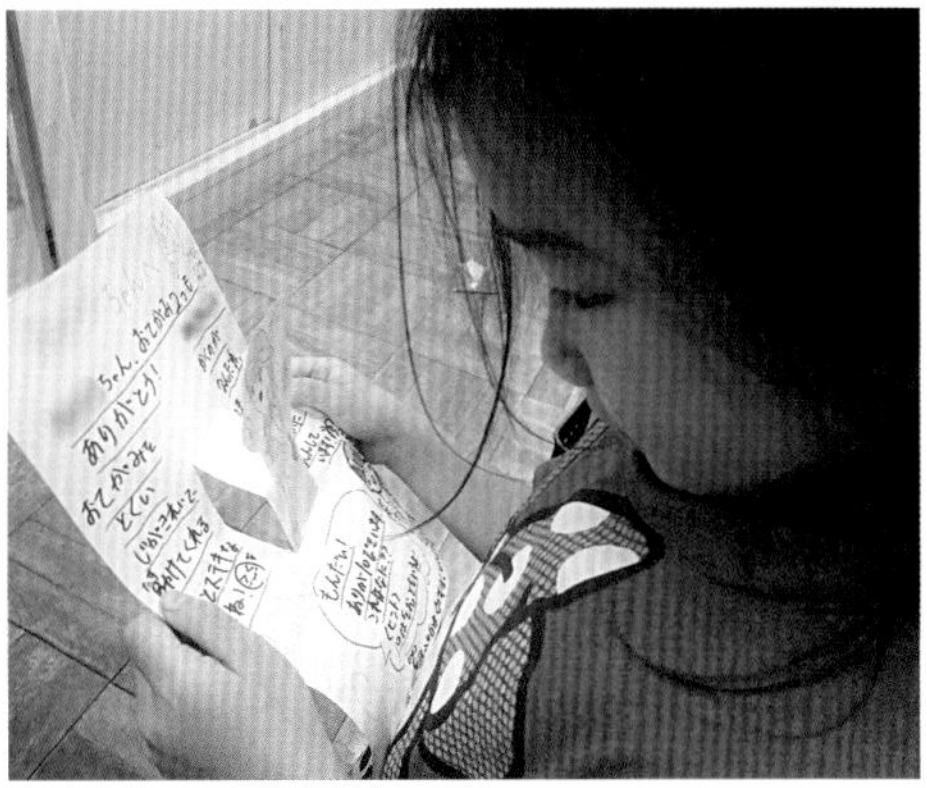

真剣な表情で、友達のお姉さんからの手紙を読む。

「伝えたい思い」を文字にしようと、書くことに挑戦しはじめた子どもたち。

友達のお姉さんがくれた手紙の返事。

子どもが書いた保護者宛ての手紙。いろいろな塗り絵になっている便箋を、子どもたちがいつでも手紙を書けるように用意した。

ハルミちゃん宛ての手紙が返ってきた

　6月上旬に、ハルミちゃんへ手紙を送りました。しかし、みんなの手紙を1つの封筒にまとめて送ったため、料金不足で返送されてきてしまいました。

　夕方の「集まりの時間」に、手紙にはられた付箋に書いてある「差出人戻し　この郵便物は重量が54グラムですから、140円が正当料金になります」という文章を保育者が読んで、「お金が足りなかったみたい」と子どもたちに告げました。すると、「でもさ、84円（の切手を）はったよ」などと、みんなは釈然としない面持ち。保育者が手紙の重さによって料金が違うことを伝えました。すると、あと何円分の切手が必要なのか悩む子どもたち。「じゃあ、お休みの人みたいに。足し算！」と、ダイちゃんが提案してくれました。ダイちゃんは数字が好きで、いつも出席人数に、何回「足す1（いち）」をするとクラスの人数になるかをカウントしていました。同じように、84円に何回「足す1」をすると140円になるかわかれば、足りない金額がわかるというのです。毎朝の経験から、自分なりの計算方法を考えついたダイちゃんには驚きです。その後、一生懸命、紙に数字を書き出しながら、数をかぞえるダイちゃん。そして、「56円必要！」とダイちゃんがみんなに伝えました。すると、「紙とか布とかに『56』って書いてはったら？」「ちゃんとした切手じゃないと届かないんじゃない？」「切手ってお金だから、作るのはだめだと思うな」と、さまざまな意見が交わされました。

　「集まりの時間」では、担任がこの話題を取り上げたらほかの子どもたちも興味をもちそうと思ったあそびをしている子に、「みんなの前で発表してみない？」と声をかけますが、中には自分から「今、○○をしていて、みんなに見てもらいたい」と言ってくる子もいます。普段、子どもたちは、それぞれが興味をもったあそびや活動に熱中していますが、「集まりの時間」にほかの子どもの発表を聞いて、自分のしているあそびや活動以外のことに関心をもつ子もたくさんいます。

　「手紙」という一つの話題から、手紙を出して返事をもらうことを楽しむ子だけでなく、切手や消印に注目する子、重さや料金に興味をもつ子など、子どもたちの興味・関心はさまざまな広がりを見せていきます。

返送されてきた手紙には付箋が。

56円必要！

自分なりに考えて、不足分のお金の計算を始めたダイちゃん。

手紙の重さを量りながら、郵便料金表とにらめっこ。

郵便局から返事が来た！

ルリちゃんとメイちゃんは、日本の郵便局からタイの親戚の家にどのように郵便を届けているのかが気になり、以前、手紙を出しに行った郵便局に質問の手紙を書きました。すると、後日郵便局からの返信とともに、なんと、手紙が運ばれる経路をイラストで表した紙芝居が届きました。

さっそく「集まりの時間」に紙芝居を紹介し、「何を使って届けるのかわかった？」と、子どもたちに問いかけてみました。すると、「飛行機！　後はバイクも使っていた」「郵便トラックもあるよ！」「（郵便トラックが）飛行機のところまで行ったら、（飛行機に）バトンタッチするんだよ」などと、知っている知識も絡めて教えてくれました。

子どもたちが知りたいことを、地域の詳しい人に一つ一つ教えてもらう経験を積み重ねていくことで、知識が自分のものとなり、探究が深まっていくことが感じられます。

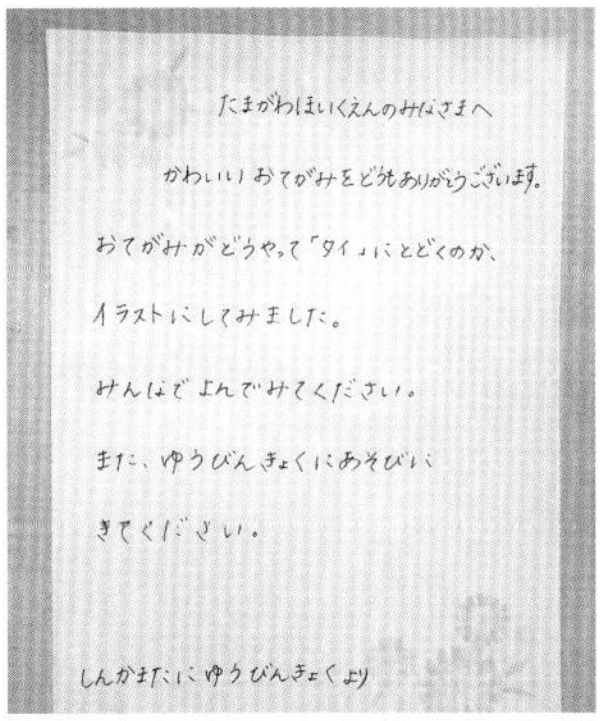
たまがわほいくえんのみなさまへ

かわいいおてがみをどうもありがとうございます。

おてがみがどうやって「タイ」にとどくのか、

イラストにしてみました。

みんなでよんでみてください。

また、ゆうびんきょくにあそびに

きてください。

しんかまたにゆうびんきょくより

郵便局からの封筒に添えられていた手紙。

ハルミちゃんへの手紙再び

メイちゃんは、卒園児のハルミちゃんに出した手紙が戻ってきてしまったことを気にしていました。ダイちゃんが不足分の切手代を計算してくれたものの、なかなか切手を買いに行けずにいたからです。「集まりの時間」に「ハルミちゃん、手紙まだかなって待ってると思う。手紙が届かないと悲しいと思う」とメイちゃんが言うと、「切手を買いに行ったほうがいいと思う」という声がたくさん挙がりました。そこから、切手を売っている場所を考え、コンビニエンスストア、薬局、郵便局の3つが挙がりました。「切手や手紙に詳しい人がいる場所は、郵便局だと思う。切手を買いに行ったときに、手紙のことで聞きたいことがあれば、郵便局の人に聞けると思うよ」と保育者から提案しました。

その後の「集まりの時間」では、郵便局で聞きたいことをまとめる時間をもちました。すると切手に関する質問が多く挙がりました。5つの質問にまとめて、6人の子どもたちが保育者と一緒に郵便局へ聞きに行くことになりました。出てきた質問からは、子どもたちが切手の細かいところまでよく観察していることがわかり、子どもたちの観察力にまた驚かされます。

今度は、料金や切手をよく調べて……。

切手について郵便局で
聞きたいこと・知りたいこと

- 切手の周りがギザギザしているのは、なんでですか？
- 切手は何でくっついているの？
- 切手はばんそうこうと同じ“防水”ですか？
- 切手は何で作られているの？
- 切手の左下の文字「NIPPON」はどうして書いてあるの？

郵便局から送られてきた、郵便の仕組みをわかりやすく紹介した手作りの紙芝居。

新たな興味へ

また別の日に、担任が子どもたちへの絵はがきをポストに投函。一方、ルリちゃんは家から園にはがきを出しました。たまたま両方のはがきに、同じ郵便局の消印が押されていました。ところが、消印が異なる表記だったのを発見した子どもたち。新たに「同じ郵便局なのに消印が違う」という疑問が出てきました。

「集まりの時間」で投げかけてみると「先生とルリちゃんは、手紙を入れたポストが違うから届く工場（郵便局）が違うんじゃないかな。検証してみたらいいんじゃない？」という意見が。そこで、興味のある子どもたちが、近隣の郵便局の管区内にあるいろいろなポストから、園に宛てて手紙を出してみることになったのです。じっくり考えて、さまざまな意見を出す姿に、子どもたちの中に「知りたい」気持ちが溢れていることがうかがえます。

まだまだ手紙が届く仕組みや、手紙にまつわるいろいろなことに興味が尽きない子どもたち。保育者やクラスのみんなとの「集まりの時間」で語り合うことで、さまざまな新しい発見や出会いがあります。すみれグループの手紙あそびは、どんどん広がり、深まっていきそうな気配です。

ルリちゃんが投函したはがきの消印（上）と、保育者が投函したはがきの消印（右）。

何度も訪れた郵便局へ、自分たちの作ったプレゼントを持ってお礼を伝えに行った。

同じ消印になる？

ルリちゃんが手紙を出した同じポストに、手紙を投函。

子どもたちにわかりやすいよう、消印の違いを掲示。

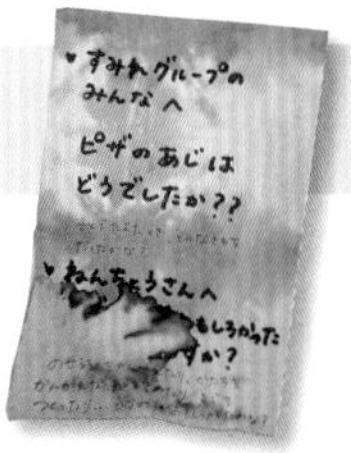

「集まりの時間」はクラスという社会をつなぎ止めておくツール　妹尾正教

普段は、それぞれの子どもが自分の興味・関心のあるあそびや活動をしていますが、バラバラに1日を終えるのではなく、互いの困っていることや疑問に思っていること、おもしろかったことなどを話し合うのが「集まりの時間」です。自分がかかわっていなかった活動でも意見を出し、一緒に考えます。ほかの子が何をしているのかを、知る時間でもあります。もし、「集まりの時間」がなければ、クラスという存在意義がなくなってしまうかもしれません。子どもは、ほかの子の話を聞いて自分も興味をもてば、その活動に参加することもありますし、話を聞いて意見を言ったり助言をしても、自分の今やっているあそびに戻っていくこともあります。「一緒にやろう！」という意見が出れば、クラス全員で活動を行うこともあります。クラスが社会としてあるための時間です。

また、自分は参加していなくても、間接的な経験、周辺参加としての意味合いもあり、「集まりの時間」は学びの場として欠かせないものとなっています。

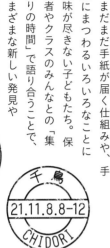

第4章

ドキュメンテーション・ポートフォリオ・保育ウェブ・対話　Q&A

仁慈保幼園に寄せられる、ドキュメンテーション・ポートフォリオ・保育ウェブ・対話に関する、よくある疑問に答えていきます。実際に取り組むときの一助になるかもしれません。

Q ポートフォリオやドキュメンテーションを書くコツはありますか？

A 表面的なことではなく、きっかけや過程を深掘りする。

記録を書くということは、保育の質を向上させる手段の一つです。ですから、記録を書くときは、いつもきっかけや過程に着目し、子どもの内面を探り、省察することを念頭におくと、よりよい記録が書けるのではないでしょうか。

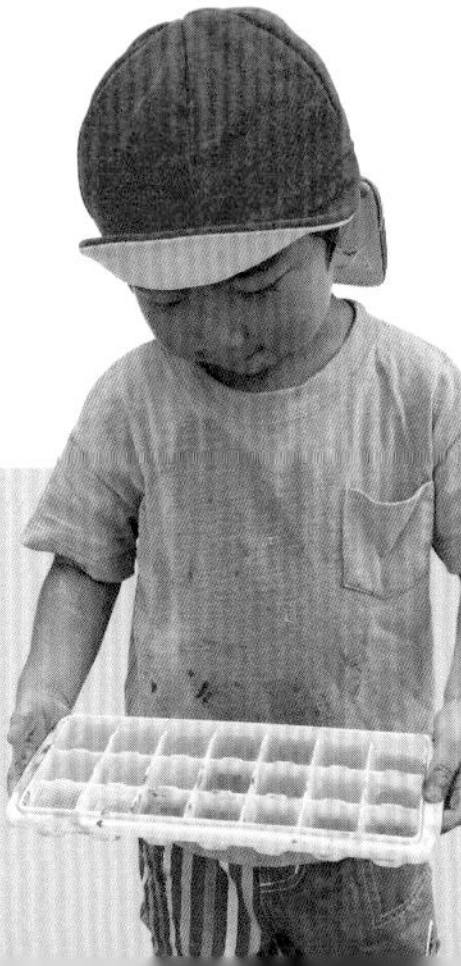

ポートフォリオやドキュメンテーションなどの目的の一つは、子どもをよく見て、理解しようとすることにあります。

　例えば、水道の蛇口をひねって水を出しっぱなしにする子どもがいるとします。そういうときに、「そんなことをしては、だめ」と否定してしまうだけでは、何も生まれません。まずは、「どうして、この子は水を出しっぱなしにするんだろう」と、考えてみることが大切です。子どもの行動の一つ一つには意味があります。実は、その子は排水口に水が吸い込まれていくときにできる渦に興味をもっているのかもしれません。または、水が流れていくことに興味をもっているのか、水を触っていたいのか……表面的には水を流す行為に変わりはありませんが、子どもによってその思いはさまざまです。そういった子どもの姿を、より正確につかむために記録があるのです。また、よく観察すると、次はその子の思いに合った水にかかわるあそびを提供するのはどうだろうかという考えにいたるかもしれません。そして、記録をもとに振り返ることで、「あのとき自分は、どうしたらよかったんだろう」と、考える契機にもなっていきます。

Q　ポートフォリオやドキュメンテーションを書くには時間がかかります。負担が大きすぎませんか？

A　保育者がいちばん心がけないといけないのは、子どもの思いをよく知ること。

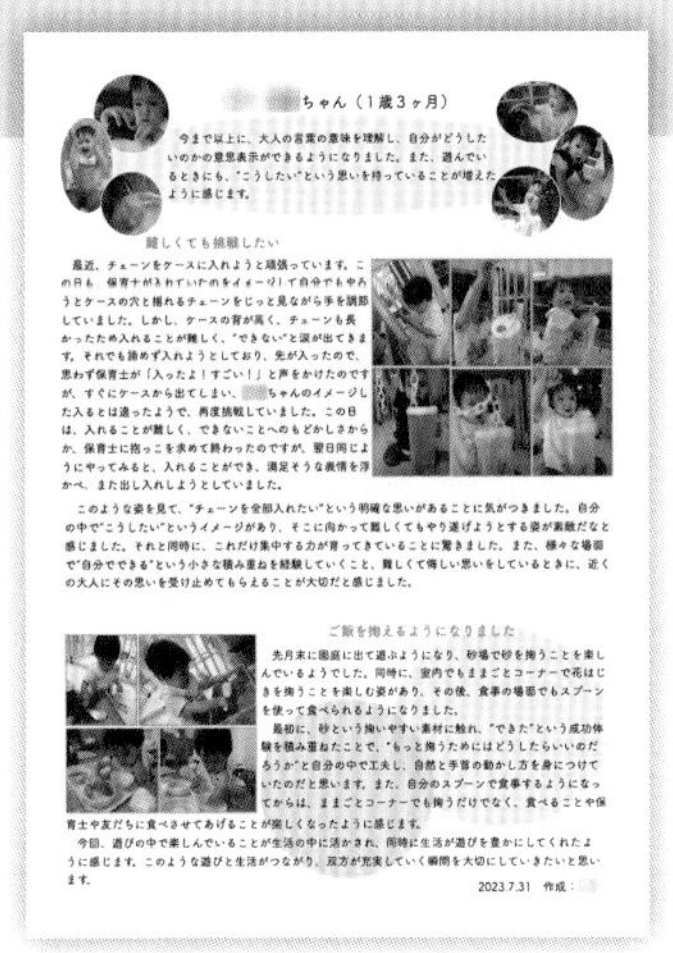

ちゃん（1歳3ヶ月）

今まで以上に、大人の言葉の意味を理解し、自分がどうしたいのかの意思表示ができるようになりました。また、遊んでいるときにも、"こうしたい"という思いを持っていることが増えたように感じます。

難しくても挑戦したい

最近、チェーンをケースに入れようと頑張っています。この日も、保育士が入れていたのをイメージして自分でもやろうとケースの穴と揺れるチェーンをじっと見ながら手を調節していました。しかし、ケースの背が高く、チェーンも長かったため入れることが難しく、"できない"と涙が出てきます。それでも諦めず入れようとしており、先が入ったので、思わず保育士が「入ったよ！すごい！」と声をかけたのですが、すぐにケースから出てしまい、ちゃんのイメージした入るとは違ったようで、再度挑戦していました。この日は、入れることが難しく、できないことへのもどかしさからか、保育士に抱っこを求めて終わったのですが、翌日同じようにやってみると、入れることができ、満足そうな表情を浮かべ、また出し入れしようとしていました。

このような姿を見て、"チェーンを全部入れたい"という明確な思いがあることに気がつきました。自分の中で"こうしたい"というイメージがあり、そこに向かって難しくてもやり遂げようとする姿が素敵だなと感じました。それと同時に、これだけ集中する力が育ってきていることに驚きました。また、様々な場面で"自分でできる"という小さな積み重ねを経験していくこと、難しくて悔しい思いをしているときに、近くの大人にその思いを受け止めてもらえることが大切だと感じました。

ご飯を掬えるようになりました

先月末に園庭に出て遊ぶようになり、砂場で砂を掬うことを楽しんでいるようでした。同時に、室内でもままごとコーナーで花はじきを掬うことを楽しむ姿があり、その後、食事の場面でもスプーンを使って食べられるようになりました。

最初に、砂という掬いやすい素材に触れ、"できた"という成功体験を積み重ねたことで、"もっと掬うためにはどうしたらいいのだろうか"と自分の中で工夫し、自然と手首の動かし方を身につけていたのだと思います。また、自分のスプーンで食事するようになってからは、ままごとコーナーでも掬うだけでなく、食べることや保育士や友だちに食べさせてあげることが楽しくなったように感じます。

今回、遊びの中で楽しんでいることが生活の中に活かされ、同時に生活が遊びを豊かにしてくれたように感じます。このような遊びと生活がつながり、双方が充実していく瞬間を大切にしていきたいと思います。

2023.7.31　作成：

98ページでも記したように、記録は子どもの思いを知るための視点を培う大切なツールです。確かに、ドキュメンテーションを書くには1時間ほどかかります。ポートフォリオは、1か月分の日誌などを振り返るので、もう少し時間がかかるかもしれません。そうであっても、後から保育を振り返るための記録として考えると、写真や簡単な文章だけのポートフォリオやドキュメンテーションでは、あまり役に立ちません。子どもの思いを知ろうとすることは、保育の核となる部分であり、保育のプロとして忘れてはならない姿勢だと考えています。記録を書くことは、子どもの思いを省察するための大事な時間ではないでしょうか。

もちろん、記録を書くのに一人で悩み、逡巡していて、時間がかかってしまうことは、よいこととは言えません。そういうときは、担任同士、また、ほかのクラスの保育者、主任、園長と対話をすることで、書くことのヒントを得たり、自分の考えをまとめたりしていくとよいでしょう。

保育に従事する者が本来しなければならないことは、ポートフォリオやドキュメンテーションを作成する時間を無理に短縮しようと考えるよりも、そのほかの業務の見直しをして書く時間を捻出することです。行事の準備や壁面製作などに時間をかけ過ぎていないか、ICT化を進めて簡略化できる業務がないかなどと、一つ一つ見直してみることも大切だと考えています。

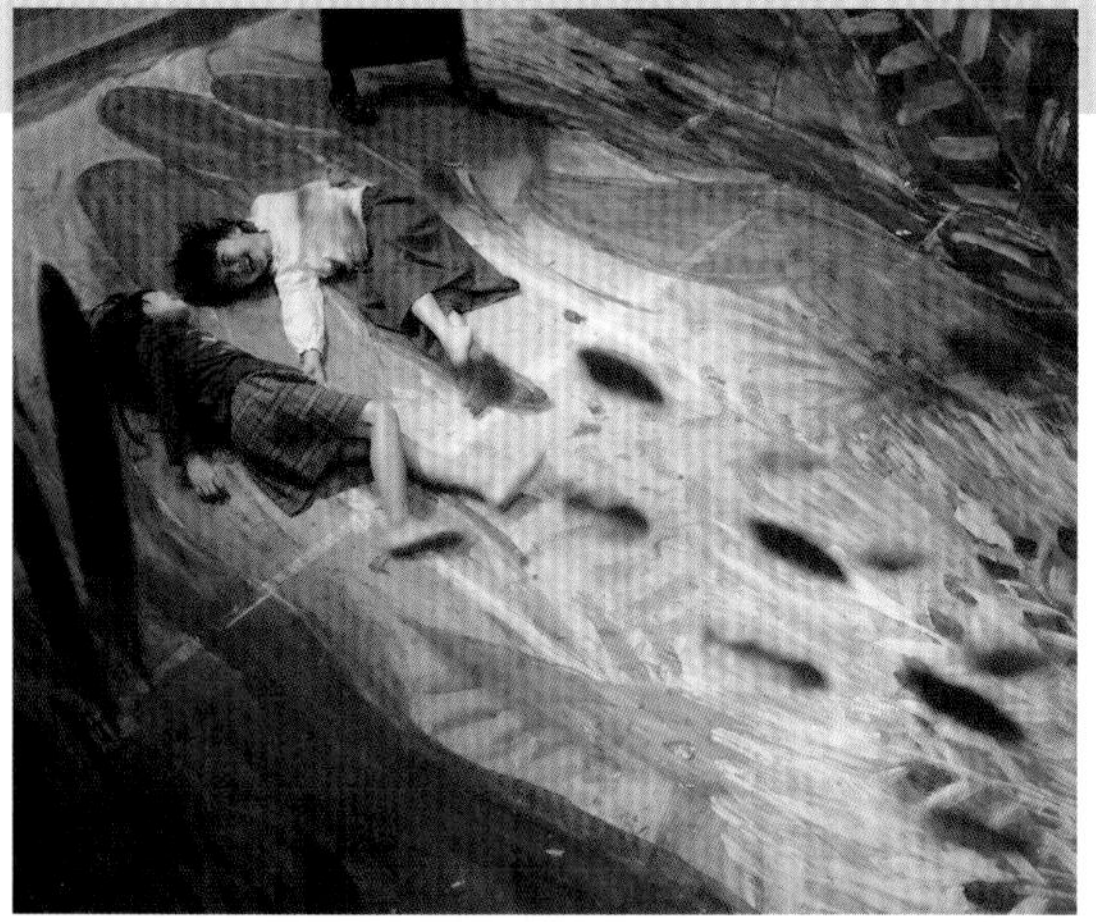

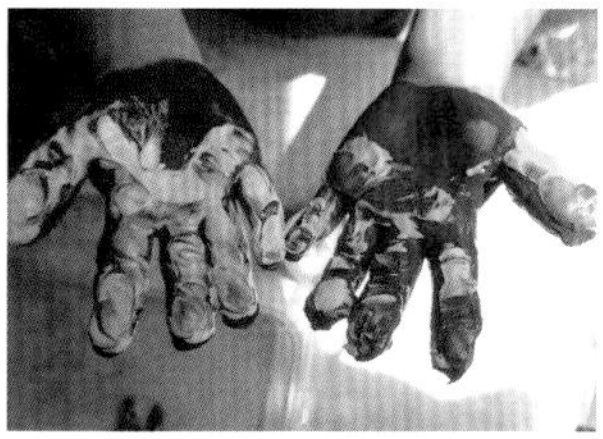

Q ドキュメンテーションに使う写真。全員が写っていないと不公平になりませんか？

A ドキュメンテーションは、あくまでも活動の記録です。

ドキュメンテーションでは、その日に起こった出来事で、記録に残しておきたいトピックを取り上げることを基本としています。Ａ4用紙1枚にまとめるので、すべての子どものことを書くスペースはありません。したがって、掲載される出来事以外のあそびや活動をしている子どもの写真は、その日のドキュメンテーションには載りません。そのことは、年度始めの保護者会で、保護者にも説明をして理解を得ています。保育室には子どもの活動中の写真をたくさん掲示し、保護者にも周知しているので、その日のドキュメンテーションに我が子の写真が載っていないからといって、理解が得られないということはありません。保護者には、互いの子どもの成長を喜び合う関係になってほしいと願っています。

また、ドキュメンテーションに写真が載っていない子どもの保護者には、お迎えのときに、より詳しくその子のあそびや活動の様子を口頭で伝えるよう努めています。

さらに、何日も続けてドキュメンテーションに載らない子どもに関しては、保育者のその子に対しての見方が足りないかもしれないので、どんなことを考えているのかじっくり見てみようとします。そこで、新しい発見があれば、その後のドキュメンテーションに掲載しています。

Q　保育者が写真を撮っていると、保育がおろそかになりませんか？

A　むしろ、子どもがあそび込めているかどうかの尺度になります。

今まで、保育室にカメラを持ち込んだことがないようだったら、子どもたちの注意を引いたり、あそびが中断したりということがあるかもしれません。でも、保育者がカメラを携えていることが常態化すると、子どもは気にしなくなります。

　また、保育中に記念写真を撮ろうとしたら、「こっちを向いて」「にっこり笑って」など声をかけることになって、あそびを中断してしまうかもしれません。でも、保育者が保育中に撮るのは、子どもの自然な姿です。撮影している最中に、子どもがカメラを意識するようであれば、むしろ、その子があそびに熱中できていないのではないかということが気になります。自分の熱中できるあそびが見つからずにうろうろしているような子どもは、写真を撮っていると、「何してるの？」などと興味を示します。そういう場合は、「なぜ熱中するあそびが見つけられないのか」「どんなことに興味があるんだろう？」と考えることが、その子に合った環境や活動を考えていく契機となります。

　同時に、撮影をするということは、保育者が保育の中で子どものどこに注目しているのかが撮った写真で可視化される、ということでもあります。自分の子どもを見る視点の検証にもなり、自身の保育を振り返り、保育の質を向上させていくことにもつながっていきます。

Q 毎日のドキュメンテーション。いつ書いていますか？残業にはなりませんか？

A 子どもの午睡時に、担任が交替で書いています。

毎日のドキュメンテーションは、前日の午後とその日の午前中の出来事を書き、降園時にお迎えに来た保護者が読めるように掲示します。したがって、書くのは子どもたちの午睡中です。担任は、毎日交替で一人が事務室でドキュメンテーションを作成します。ですから、ドキュメンテーションの作成が残業には直結しません。

ドキュメンテーション作成時には、3・4・5歳児の各クラス担任が一人ずつ事務室に集まり、並んでパソコンに向かうことになります。隣のモニターも目に入るので、自然とほかのクラスがどんな活動をしているのか知ることができます。そこで意見交換をしたり、自分のクラスの保育のヒントになるような情報も得ることができます。ドキュメンテーションを書きながらのこの時間も、大事な対話の時間です。

どうしても残業になってしまうのは、月に数回ほどです。1つは、保育ウェブ作成会議。月に一度、夕方から2時間ほどで保育ウェブを作成します。もう1つは、毎月の研修です。また、3か月に一度ほど、クラス単位ではなく、0・1・2歳児と3・4・5歳児クラスに分かれて、保育ウェブを見せ合う合同会議をします。ほかのクラスでは、どんなあそびや活動が繰り広げられているのかという情報交換の場であり、自分のクラスの活動のヒントを見つける機会にもなります。また、この会議自体が、研修の一つにもなっています。

ばななグループ　2023年7月7日（金）作成者：

カブトムシ一緒に遊びたい

はやく走れるように練習するコース

迷路

がんばれ、がんばれ

最近カブトムシを色んなところに連れて行ったり、お家を作ったり一緒に遊ぶ姿があります。楽しむ中で、時より落としてしまったり、無理に引っ張ってしまったり姿があったため、関わり方を考える機会になればと、「一緒に遊ぶ時どんな気持ちなんだろう」と問いかけてみました。すると、「（ちゃん、ちゃん）落としたら怒ってるんじゃない？」「（くん）疲れてる顔している」「（ちゃん）コースで遊ぶのは喜んでる」とカブトムシの気持ちを考える姿が見られました。今日は、カブトムシの迷路や早く走る練習をするコースを作って一緒に遊んでいて、「止まって」「がんばれ」とかぶとむしに声をかけて遊ぶ姿が見られ、カブトムシの気持ちを考えながら一緒に遊んでいることが伝わってきました。一緒に遊びたい気持ち、関わる経験を大切にしつつ、その中で関わり方について気づいていって欲しいと思います。

（くん）止まって、まだ（道が）できてないから

（ちゃん）STOP

「触ってみたい、ツルツルしている」「なんで歩くのゆっくりなんだろうね」とちゃんはカブトムシの生態に興味があるようです。

写真を見ててんとう虫ができたよ

嬉しい

ロボット作り

赤ちゃんのお世話

「てんとう虫を作りたい」と昨日からてんとう虫を作っていたちゃん。商品紹介のところに一部載っていた見本を見ながら作っていました。しかし、足の部分が載っていなかったため、どうやって作ったらいいのかわからないと悩んでいました。くんが「こんな感じじゃない？」と作ってくれたのですが、「ん－なんか違う」と自分で悩みながら作り、ついに完成しました。くんの作ったものとの違いを聞くと、「写真のてんとう虫は手よりも足が短くなってるんだよ。だからくんの作ったのはこれ（太いパーツ）を使っているけど、私はこれ（細いパーツ）にした」と教えてくれました。細かい所まで見ている観察力と、納得できるまで試行錯誤しながら作り上げる諦めない力に驚かされました。出来ない時に誰かに手伝ってもらわないと出来ないと諦めることもありますが、今回の出来たという経験が自信に繋がったのではないかと思います。

Q　文章を書くのが苦手です。どうやったら、読み手にうまく伝わるようなポートフォリオやドキュメンテーションが書けますか？

A　いちばんは、子どもの発見や気づきをおもしろがること。

ポートフォリオやドキュメンテーションを作成するには、慣れが必要です。日々文章を書くという積み重ねが大事なのではないでしょうか。書いているうちに、要領よく文章をまとめるコツもつかめるでしょう。そして、書いた文章を同僚や主任、園長に読んでもらうことも大事です。誤字・脱字や文法などの誤りを指摘してもらうことはもちろん必要でしょうが、大切なのは、そこで行われる対話です。同僚と対話することは、子どもの姿や子ども観などを共有する意味でとても有意義ですし、主任や園長と対話することで、子どもを見るための視点など、学べることが多いからです。書いて読んでもらい、自分の文章を再考することを繰り返すうちに、子どもを見るときの視点が定まり、より伝わりやすい文章が書けるようになっていくでしょう。

　また、子どもの発見や気づきをおもしろいと感じられると、自然とそれをほかの人にも伝えたくなります。そういう保育者の書くポートフォリオやドキュメンテーションからは、「保育ってこんなにおもしろいんだ」という感情が伝わってきます。まずは、子どもの姿をおもしろがること。それを伝えたい気持ちが原動力となって、いつの間にか子どもの姿を深く洞察した記録が書けるようになっていくでしょう。そして、読んだほかの人が「おもしろい」と共感してくれたら、自分の視点が間違っていないと自信もついてきます。

　あそびや活動を誰よりも生き生きと書けるのは、なんと言ってもその場に居合わせた担任である、ということに自信をもって、子どもを見て、書き、対話する経験を積み重ねていくことが大切です。

Q 保育ウェブをかこうと思っても、予測がクモの巣状に広がっていきません。

A 一人でかこうとするのではなく、数人で話し合いながらかくことが大事です。

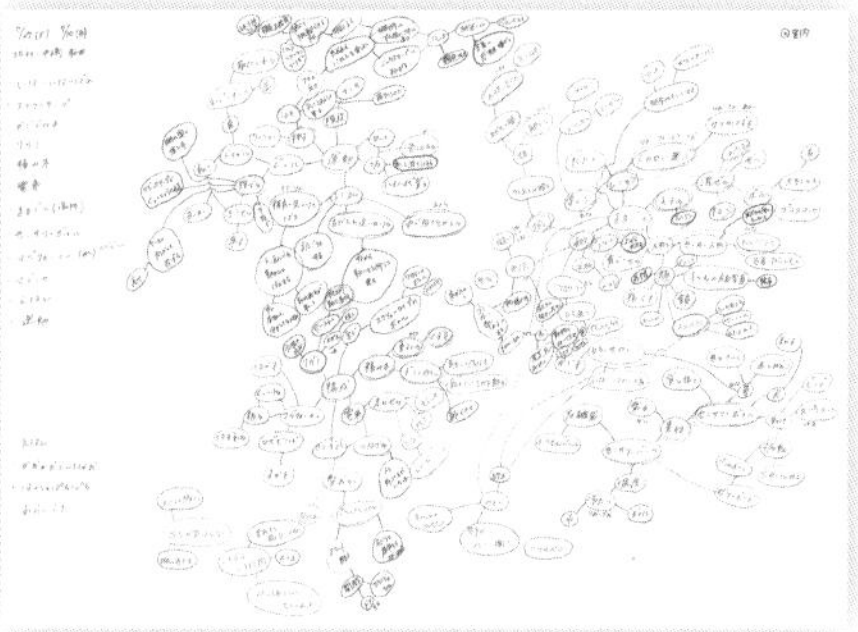

一つのあそびや活動から、次のあそびや活動を予測するとき、その保育者が過去に経験したことや、やってみたいと思っていることがもとになるので、一人の保育者だけでかくことには限界があります。また、経験が豊富な保育者ならたくさんの予測が出るかというと、意外と「保育の常識」にとらわれてしまっていることも。経験の浅い保育者から自由でおもしろい予測が出てくることもあります。ですから、違う経験をしてきた保育者が集まって、保育ウェブをかくことに意義があるのです。さまざまな観点から多面的に保育を予測することで、クモの巣状に広がる保育ウェブになっていきます。いろいろな予測が出て、それに伴う環境構成をしておけば、子どもの選択肢がぐんと広がるでしょう。

ただ、いくら多面的と言っても、話し合うときはあまり大人数ではなく、5人くらいまでがよいでしょう。人数がそれ以上多くなると、話す人・話さない人の差が出てきますし、話もまとまりづらくなります。

いちばん避けたいのは、「この予測を出すと、環境構成が面倒くさいと思われないかな」などと、忖度してしまうことです。みんなが忖度してしまえば、結局いつも同じような保育にしかならず、子どもの経験の幅が広がりません。一人では実現が難しそうと思っても、数人で話し合っていくうちに、「こうすればいいんじゃない？」などとアイディアが出て、広がりのある保育になっていく可能性があります。

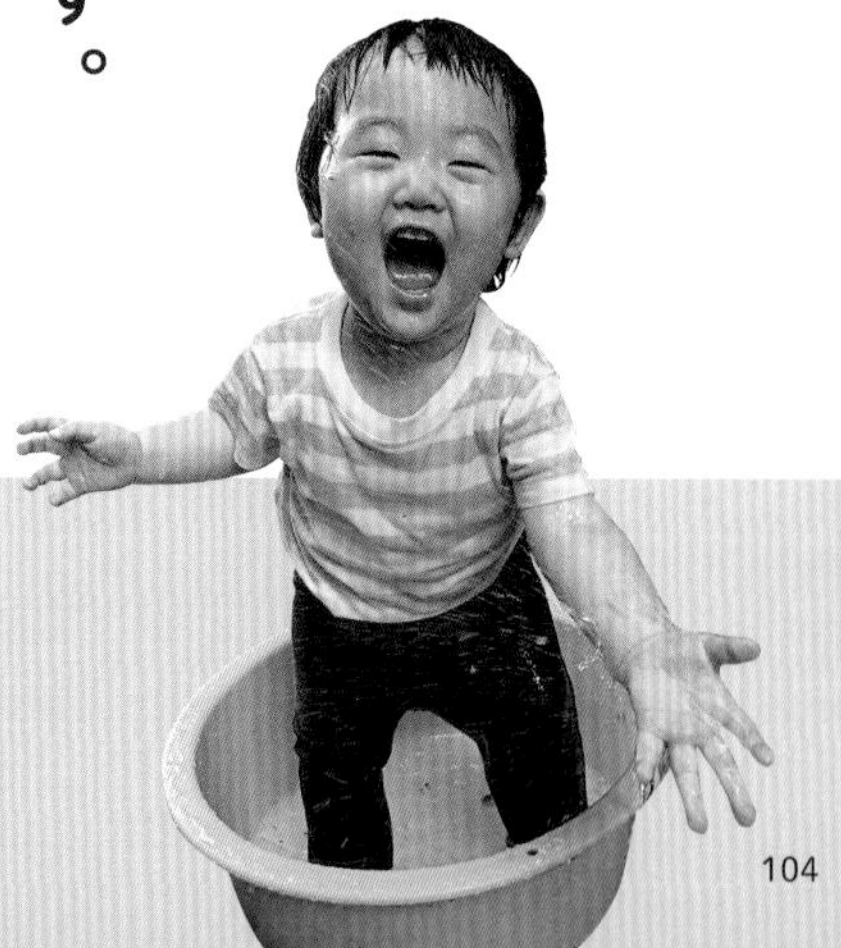

Q 保育ウェブに沿って保育を展開していくと、まとまりのない保育になりませんか？

A どう活動が帰結するかではなく、活動のプロセスの中で多様な経験をすることが大事。

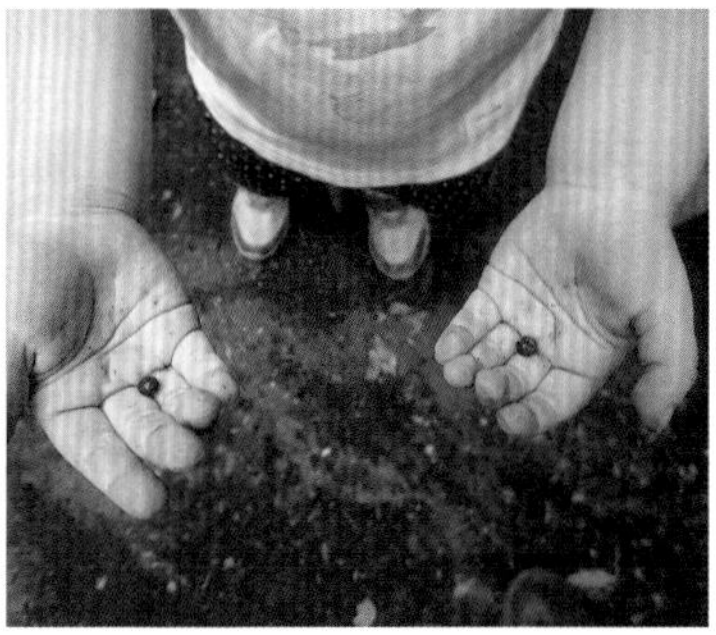

保育にまとまりがあるかないかというのは、大人の視点です。例えば、87～91ページで紹介した事例では、一部の子どもたちの興味・関心が、野菜を栽培することから、畑そのものを作ることへと変化していきます。保育者の予測だけで保育をしていたら、全員が野菜栽培に終始していたかもしれません。でも、全員が無理に気持ちを野菜栽培に向けなくてもいいのではないかと考えています。子どものアイディアで保育が展開していくので、保育者がはじめに予測していたものとはかなり違った活動になりましたが、何かを作ることの喜びを知ってほしい、作る過程で試行錯誤をして興味・関心を深めてほしいという保育者の願いはかなっています。

大人の感覚だけでなく子どもの思いを柔軟に取り入れ、次のあそびや活動の予測をしていくことで、学びが深まったり、興味・関心が継続したりしていきます。大人もそうですが、興味・関心のある活動をしたほうが、経験が心の奥底に響いて記憶に深く刻まれます。そして、自分で熱意をもって調べようとしたり、次の活動への意欲につながっていくのではないでしょうか。ですから、保育者が思うあそびや活動のほうへ子どもを誘導しないで、子どもが自分から選んだプロセスを大事にしたいと考えています。子ども同士で情報を共有し、子どもが興味をもったときには、いつでも活動に参加できるようにしておくことが大切です。

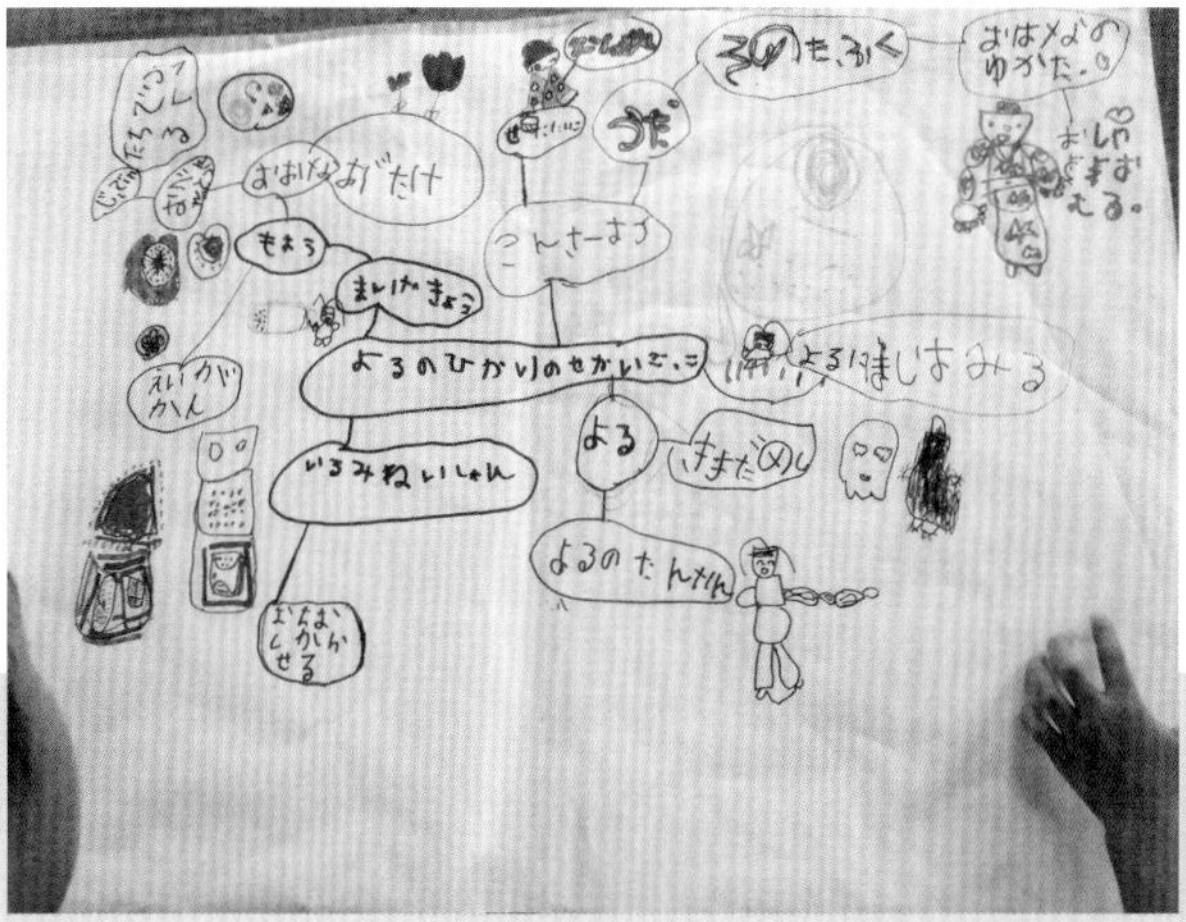

Q 保育者同士の話し合いの時間を、どうやって作っていますか？

A すき間時間を利用して、こまめに話し合いをしています。

102ページで記したように、全員で話し合う時間は、月に一度の研修のときくらいです。担任が集まって話すのも、月に一度の保育ウェブ作成会議のみです。

しかし、毎日のドキュメンテーション作成前には、5〜10分の対話などで担任同士が情報交換をするようにしています。そして、作成後には、主任・園長が内容をチェックして対話をします。

また、ポートフォリオ作成前には、ポートフォリオを作成する子どもについて、自分が見ていなかったときのその子の様子をほかの担任に聞いたり、書こうと思っている事柄について相談したりします。そして、書いたものは担任同士でチェックし合い、「ここはもっと掘り下げたほうが伝わりやすい」などのアドバイスをします。作成後にも、主任や園長が目を通し、対話をします。

そうすると、一回一回の話し合いの時間は短いですが、積み重ねで見ると、みんなが都合を付けて会議をもつより、語り合う時間が長くなります。長い会議の時間を取ろうとすると、物理的にも精神的にも無理が出てきてしまいますので、すき間時間を利用する、この方法がお勧めです。また、すき間時間にこまめに話し合うことには、「さっき、◯◯ちゃんがこんなおもしろいあそびを考えついた」など、子どもの細かい姿まですぐに共有できるメリットがあります。

Q　異年齢保育だと年齢差があるので、「集まりの時間」が成り立ちにくくないですか？

A　異年齢の話し合いだからこそ、得られるものがあります。

3・4・5歳児が一つの場で話し合うと、5歳児中心の場になってしまうように思われがちですが、実際の「集まりの時間」では、3歳児も自ら発言する姿が見られます。4月当初の3歳児は、4・5歳児が話し合っていることが理解できなかったりすることもあるでしょう。しかし、そういう語り合いの中に身を置くことで、今まで知らなかった難しい言葉などをどんどん吸収していきます。また、まだ常識にとらわれない3歳児の発言から、活動がおもしろい展開を見せることもあります。

例えば、4・5歳児が、小さなランプを作って、テントの中で灯すという計画を立てていたときに、3歳児が「光るおうちが作りたい」と言い出したことがありました。その3歳児の言葉に呼応して、4・5歳児から「大きな段ボールでおうちを作り、窓を開けて、そこにカラーセロファンをはるのはどう?」などと、次々にアイディアが提案され、ダイナミックな「大きな光るお城作り」の活動に発展していったのです。

このように、3歳児も臆することなく自分の意見を言い、5歳児も年下の子どもたちの意見を上手に活動に取り入れることで対話が活発になり、さらにおもしろい活動が実現するというのも、よくあることです。

Q「集まりの時間」に、みんな座って聞いていられますか？

A 最初は、その場にいられることが大切です。

4月当初、2歳児クラスから進級したばかりの3歳児などは、環境に慣れておらず、座っていられない子どももいます。3・4・5歳児クラスは2人担任制なので、1人が子どもたちの前でファシリテーター役をしている間、もう1人の担任が落ち着かない子どもに話しかけたりしながら援助をします。でも、無理に座らせたりすることはありません。

「集まりの時間」のときは、それぞれの子どもの座る席を決めていて、話に集中しづらい子どもは絵本コーナーなどの近くの席にしています。最初は、絵本を見たり、飼っている生き物とあそんでいたりして、話に入ってこなくてもいいのです。ただ、その場にいることを大事にしています。ほかの子どもたちが、ときには真剣に、ときには楽しそうに話し合っているので、あそびながらも徐々にみんなの話に耳は傾けている様子が見られるようになっていきます。そして、はじめは座っていられなかった子どもも、自分の興味のあるあそびや活動が何度も話題に挙がる中、秋くらいになると積極的に自分から発表したいと、「集まりの時間」に参加することが多くなります。

最初のころに落ち着きがないからといって、子どもを保育室の外に連れ出すなど、「集まりの時間」に参加する機会を奪ってしまわないことが大切です。

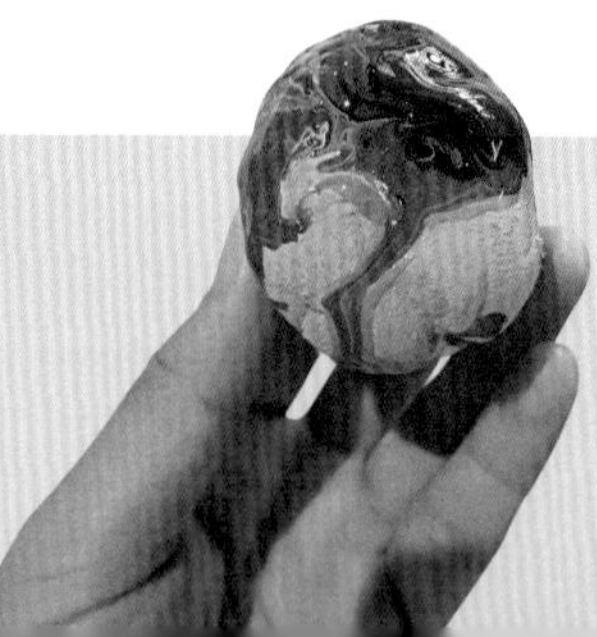

Q「集まりの時間」が1日に2回。なぜ複数回、行うのですか？

A「集まりの時間」は、朝と夕方で少し役割が違います。

54～61ページで、「集まりの時間」とは何かということにふれましたが、朝と夕方の「集まりの時間」では、少し役割が違います。

夕方の「集まりの時間」では、その日のあそびや活動を振り返ります。「○○が楽しかった」という話ももちろん出ますが、「△△をしたけれど、うまくいかなかった。どうすればいいだろう」と、１人の子がみんなに相談をもちかけることがあります。その相談ごとに対して「こうすればいいんじゃない？」というアイディアや、知っている事実を教えてくれる子どもたちがいます。しかし、みんなで話し合っても課題が解決しなかったり、疑問が残ったときは、「おうちで調べてみてね」「お父さんやお母さんにも聞いてみよう」と、宿題を出します。

そして次の日、朝の「集まりの時間」では、前日の夕方に課題になったことを、家庭で調べたり、考えてきて発表します。友達の発表で、新たな課題や疑問が見つかったら、子どもたちはその日のあそびや活動の中でその検証をしたり、試行錯誤をしていきます。また、あそびや活動以外で、その日にしなければならないことも、朝の「集まりの時間」で子どもたちと共有します。子どもたちはその日に何があるのかを確認し、それ以外の時間で自分たちの活動ができる時間を考えるなど、見通しをもって過ごすことができます。

この朝夕のサイクルで、子どもの学びが深まっていくのです。

さらに、興味・関心が近い子どもたちは、それぞれのコーナーで一緒に活動をしていますが、興味・関心が違う子どもたちとは「集まりの時間」でしか、深くふれあうことがありません。ほかの子どもとの考え方、興味・関心の違い、折り合い方など、「集まりの時間」は、社会性を養う大事な時間にもなっています。ですから、１日に2回、全員で顔を合わせて対話をする時間を大切にしています。

あとがき

ちょうど1年前、『非認知能力をはぐくむ仁慈保幼園の環境づくり』を出版し、子どもに与える物的環境だけでなく、子どもにかかわる人や、子どもをとりまく社会や自然、地域や文化も含めて環境というのではないかと、広い視点でとらえる「環境」をテーマに考えを述べさせていただきました。子どもにとって、かかわる人もまた環境であるという視点において、私たち保育者がどのように子どもに向き合っていくのか――。

2001年に園長になり、当時の保育を変えようとしたとき、保育室の環境構成だけではなく、保育者の考え方やかかわり方も変える必要があると突きつけられました。当初は、コーナーを作り、おもちゃなどを中心に豊かな環境を作れば、子どもはあそび込んでくれるだろうという期待と思い込みがありました。確かに、環境について保育者と学び合ったのは有益でしたが、ハードだけではなくソフト（＝保育をよりよくする仕組み）の大切さを突きつけられたのです。

「子どもの権利条約」にある、子どもが自由に意見を表す権利を保障するためには、保育者に子どもの声を聞こうとする素地が必要であって、まずは「子どもをよく知ろうとする」ことから始まります。私たちは、子どもを知ろうとするために、記録をするためのドキュメンテーションやポートフォリオを導入し、予測して可能性を探るための保育ウェブも取り入れ

ました。これらのツールを取り入れた結果、保育者同士、保育者と保護者、子ども同士など、あらゆる場面で対話が生まれました。対話は副産物でありましたが、核心でした。結果として、子どもを中心とした文化が生まれたのです。環境を豊かにすることによって、子ども一人一人の姿があそびの中から見えてくる。そこから記録を通して分析し、保育ウェブを活用して予測し、また子どもへと返していく。それは子どもたちの声という、意見を尊重しながら、子どもとともに保育を創っていくということです。保育現場は、子どもを理解するための研究的要素を常にもち合わせています。それは、保育者が専門性を深めるためでもあり、園全体の質の向上へとつながるものでもあります。だからこそ、本書で紹介したようなツールと循環が大切であると実践から学びました。それがなければ、私たちの保育はただの託児となってしまう可能性があります。法人の理念や目指しているものを理解して、日々実践している職員たちに、感謝いたします。

本書は、仁慈保幼園にとって、ドキュメンテーション、ポートフォリオ、保育ウェブなどのツールを通した対話が、いかに大切で、その循環が保育をよりよくしていくかということを、長年の実践の中からお伝えしました。最後になりましたが、帯にお言葉をくださり、動画にも出演してくださった、家族・保育デザイン研究所代表理事の汐見稔幸先生に、感謝をお伝えしたいと思います。

2024年4月

社会福祉法人 仁慈保幼園理事長
妹尾正教

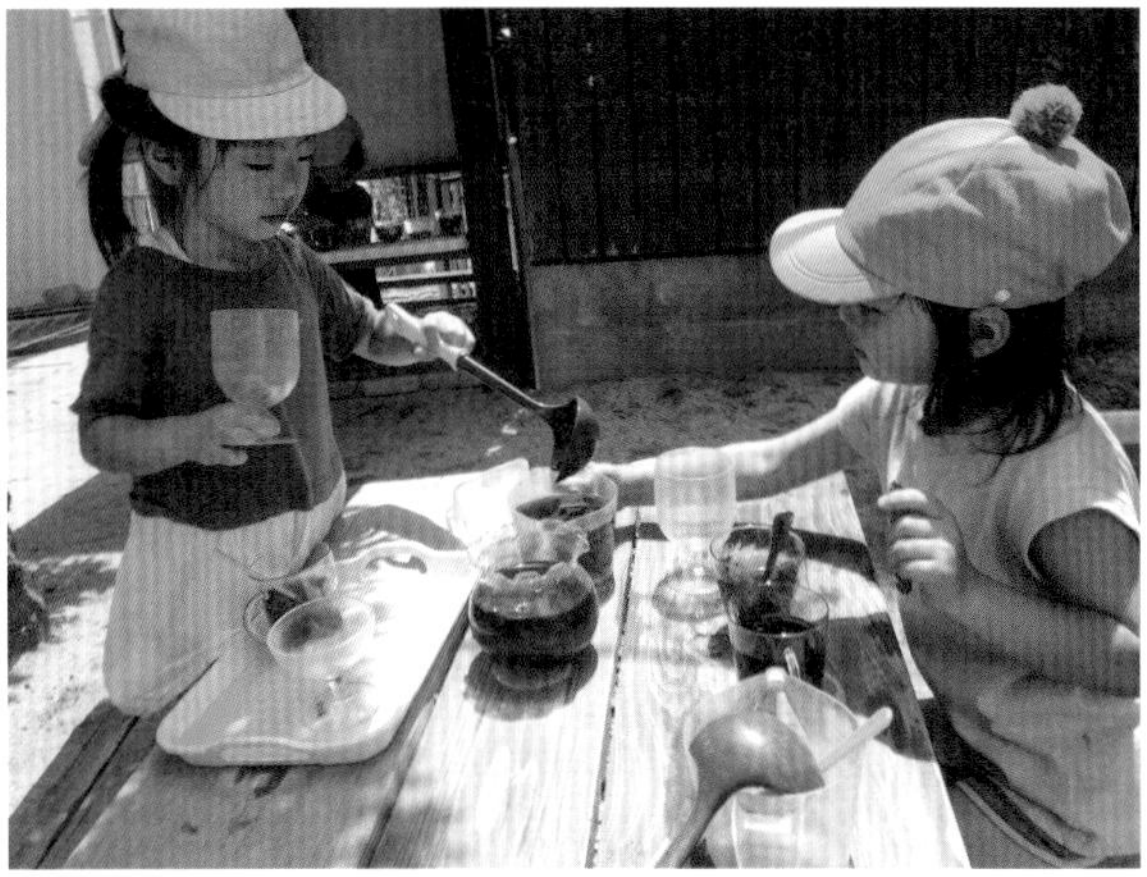

jinji

著　者：妹尾正教
社会福祉法人 仁慈保幼園

仁慈保幼園

園長：舩越郁子
副園長：舩越早苗
植田沙耶　岡崎未来　落合里実
落合勇治　住尾香琳　松尾賢

多摩川保育園

園長：相川はる美
主任：田中里佳　松下紫帆
北村有己子　関口美穂
中嶋梨々香　和田優希

世田谷仁慈保幼園

園長：宮口優香
主任：大久保由馨

世田谷代田仁慈保幼園

園長：森永佳奈子
主任：菊地みぎわ　和多田みずき
佐次里佳子　城内真帆　神保日和
玉城日向太　濱野有里

法人ロゴマークデザイン：根本京子
写真：社会福祉法人 仁慈保幼園
亀井宏昭　小杉眞紀
動画撮影：亀井宏昭

スタッフ
編集制作：小杉眞紀
カバー・本文デザイン：政成映美
校閲：尾野製本所　中野明子